행복감 증진을 위한 예술치료

해피 · 아트 · 테라피

행복감 증진을 위한 예술치료

해피 · 아트 · 테라피

"행복한 나를 만나기 위한 최고의 선택!!!
따뜻한 감동을 선물하는 예술치료"

윤혜선 지음

이담
Books

　　•　　우리나라 중년여성들은 여러 가지로 힘든 상황인 경우가 많이 있다. 자신을 잃어 가며 이 일 저 일 뒷바라지하다 보면 어느새 세월은 흘러 자식들은 성장하여 점차 먼 사람으로 느껴지니 가슴 한쪽이 무너지는 듯 아프다. 사회생활로 바쁜 남편 또한 허전한 그녀들에게 위안이 되지 못하니, 보람 없는 하루하루 일들로 세월만 보내고, 조용히 자리에 앉으니 자신의 이름조차 잊고 산 세월이 몇 년인가. 이런 중년여성들에게 행복감을 이야기하는 것조차 오히려 미안한 마음이 든다. 그러나 그들은 우리를 키워 오고, 보이지 않는 정성으로 가정을 지켜 온 우리 어머니들이고, 우리 가정의 아내들이다. 없는 듯 보여도 그녀들이 없다면 어느 하나 제대로 잘하지 못할 만큼 큰 역할을 하는 그들의 역할은 매우 크다.

　　•　　최근 들어 점차 여성의 취업률이 늘어나면서 사회는 전보다 더 완벽한 여성을 원한다. 아내로, 며느리로, 주부로, 직장인으로 점점 더 여성의 어깨는 무거워진다. 슈퍼우먼 콤플렉스로 시달리는 여성들은 가정생활과 육아, 교육, 직장생활까지 수많은 스트레스를 참아 내야 하고 이들은 고스란히 우울한 감정으로 남아 돌이킬 수 없을 만큼 깊이 쌓이기 마련이다. 그래서인가 가장 행복감이 적은 연령대가 중년여성이라고 하니 말이다. 가장 사랑받고 행복해야 할 그들의 우울증 빈도는 점차 높아지고 있는 게 현실이다. 그들을 위한 사회제도적 뒷받침도 적은데 행복감을 느끼게 해 줄 방법을 모색한다는 것은 참으로 쉬운 일이 아니다.

- 일을 예술로 승화시켜 즐겁게 우울한 여성들을 마음을 치료해 내는 여성이 있다. 윤혜선 소장, 그녀를 만난 건 벌써 4년 전의 일이다. 듣기에도 생경한 예술테라피를 여성들에게 전파하고 있던 그녀.

- 작고 아담하며 사랑스럽고 여성스러운 그녀의 외모에서 어떻게 저런 커다란 힘이 생겨날까 하는 의문은 그녀의 다부진 입술과 초롱초롱한 눈빛, 똑 부러진 말투를 보면 금방 사라지고 만다. 그래서인지 그때부터 이유도 묻지 않고 그녀의 일을 응원하는 1인이 되어 버렸다.

- 잠시 고개를 들고 눈을 떠 주변을 돌아보면 흥겨운 음악과 심금을 움직이는 예술을 주변에서 만날 수 있다. 대체로 그런 호사스런 여유를 가지기 힘든 것이 바로 우리들 인생인데, 행복감이 부족한 우리나라 중년여성들에게 H.A.T.라는 예술치료 프로그램으로 진정한 예술적 승화의 길을 부단히 닦고 있는 그녀에게 아낌없이 찬사를 보낸다. 아울러 이 책은 많은 이들에게 행복을 전파하는 데 큰 보탬이 되는 데 쓰이기에 충분하다고 생각되어 벌써부터 마음이 훈훈해진다. 행복전도사인 그녀, 눈빛만 봐도 많은 사람에게 큰 도움이 될 것이라는 걸 확신할 수 있어 너무너무 고맙다.

2010년 1월
조애경(고려대학교 의과대학 외래교수, WE클리닉 원장)

●　　　다양한 스트레스와 상처로 인해 발생한 응어리를 마음 속 깊은 곳에 묻고 사는 현대인들을 대상으로 행복예술치료를 펼치고 있는 윤혜선 박사를 접한 후 진정한 행복이란 무엇인지, 만일 행복이 존재한다면, 도대체 어떻게 행복에 도달할 수 있을 것인지에 대한 의문에 어쩌면 하나의 답을 찾을 수 있을지 모른다는 막연한 기대를 하게 되었다. 이제 그런 기대가 현실화된 느낌이다. 현장에서의 예술치료 활동 경험을 바탕으로 하여, 학문적 결실을 맺은 윤혜선 박사의 이 책이 모쪼록 많은 이들에게 읽혀 그들로 하여금 진정한 자신의 모습을 발견하고 행복한 삶을 엮어갈 수 있도록 길잡이가 되기를 바란다.

가톨릭생명윤리연구 소장, 가톨릭대학교 구인회 교수

●　　　예술과 고통, 예술과 행복은 공존한다.
예술가는 고통의 과정을 통해 작품을 만들어내고 작품의 탄생과 더불어 행복을 느낀다. 저자는 고통을 통해 탄생한 예술과 더불어 진정한 행복을 느낄 수 있는 길을 알려 주고 있다. 이 책이 행복이 필요한, 행복해지기를 원하는 모든 사람들에 도움이 되기를 바란다.

가톨릭대학교 의과대학, 정신과 전문의 김정진 교수

행복감 증진을 위한 예술치료 해피·아트·테라피

서문

    ● 　내가 '예술치료'라는 매력에 이끌릴 수 있었던 계기는 학생시절 예술학교를 다니며 교정에서 늘 접했던 학우들의 바이올린, 피아노, 노랫소리 그리고 그림이나 조각, 다양한 전시작품들을 접하면서 마음으로 느껴 왔던 위안과 감동 때문이었다. 특히 무용전공생이었던 나에게 몸짓으로 나를 표현하고 나누는 체험의 과정이 최고로 행복한 시간이었다. 그 시절을 통해 예술의 기능이 멋진 작품이나 기술을 보여 주기 위한 작품활동 이상의 의미를 지니고 있으며, 예술의 표현활동 과정을 통해 삶이 보다 더 풍요로워질 뿐만 아니라 마음도 치유할 수 있다는 것을 확신하게 되었다.

    ● 　'내가 예술을 접하면서 느꼈던 소중한 경험들을 좀 더 많은 사람들에게 전할 수 있는 방법이 없을까? 사람들이 예술의 치유적 특성을 쉽게 느낄 수 있다면 마음을 스스로 정화하고 삶을 좀 더 아름답게 관조하는 마음을 일깨울 수 있지 않을까?' 그때부터 나는 예술치료사라는 꿈을 꾸게 되었고 지금은 그러한 삶을 기쁘고 감사한 마음으로 살아가고 있다.

    ● 　예술치료를 접하고 임상 현장에 뛰어들면서 나는 병리적인 진단을 받은 사람들, 마음에 상처가 깊은 사람들을 비롯하여 아동부터 청소년, 여성, 가족, 어르신까지 다양한 대상과 집단들을 만나고 경험해 왔다. 그 과정에서 나는 창조적이고 예술적인 표현능력과 함께 드러나는 예술의 치유적 힘을 재발견하였고, 그 힘이 사람들 안에 감춰진 아름다운 모

행복감 증진을 위한 예술치료 해피 · 아트 · 테라피

습들을 드러내고 삶을 더욱 풍요롭고 행복하게 만들어 가는 데 도움을 줄 수 있다는 믿음에 더욱 확신을 갖게 되었다.

● 예술치료사로서 사람들의 마음을 헤아리기 위해 내적인 힘을 키우는 과정이 버겁고 힘들어서 때로는 가슴 저리게 아파하며 눈물의 시간을 보내기도 했지만 되돌아보면 힘들었던 그 시간들, 함께했던 사람들을 통해 내가 먼저 정화되고 치유되어 가는 소중한 성장의 기회였다는 것을 이해하게 되었다. 이 지면을 통해 그동안 현장에서 소중한 나눔을 주신 분들께 머리 숙여 깊이 감사드리고 싶다.

● 인간의 모든 갈등이나 고통은 행복하지 못한 일들과 깊은 관련이 있다. 이 책은 기존에 우리 각자에게 이미 주어진 마음의 환경에서 '우리는 행복을 위해 무엇을 할 수 있을까?'에 대한 대안으로서 예술이 지닌 치유적인 경험을 해피아트테라피(Happy Art Therapy: H.A.T.) 프로그램으로써 제시하였다. 또한 H.A.T. 프로그램을 통해 예술의 치유적 경험을 일상에서 적용함으로써 우리의 삶에 미치는 긍정적인 영향과 가치에 대한 연구와 결과를 다루고 있다.

● 이 책에서 제시하는 행복의 의미는 개념적인 접근보다 인간 삶 안에서 창의적인 경험으로 드러날 수 있고 주관적으로 체험되는 삶의 충만한 기쁨이라는 관점에 초점을 두려 하였다. 또한 행복은 수동적인 과정으로 체험하는 것이 아니라 행복감을 일깨우는 노력, 훈련에 의해 체험될 수 있다는 관점을 전제로 접근하였다. 그리고 행복감을 증진하는 효과적

인 방법의 대안으로서 우리의 삶과 예술의 치유적인 특성이 만났을 때 얼마나 행복감이 구체적으로 드러나고 우리들의 태도를 긍정적으로 바꿔 놓을 수 있는지를 소개 하고자 하였다.

● 이 책자의 H.A.T. 프로그램의 대상은 중년여성을 중심으로 연구 되었기 때문에 중년여성에 해당되는 현장에서 활용하기에 가장 적합한 자료가 될 수 있을 것이다. 또한 아동이나 노인과 같이 다른 대상에게 적용할 경우라도 행복감 증진에 대한 프로그램 개발의 절차나 프로그램의 구조를 참고함으로써 현장 적용에 도움이 될 것이다. 본 저자는 현재까지 H.A.T. 프로그램의 기본 구조와 원리를 토대로 10여 년간 현장에서 다양한 대상에게 8,000회 이상 적용하면서 긍정적인 효과를 경험해 왔다. 때문에 이 책의 독자분들이 현장에서 적용할 때에는 H.A.T. 프로그램의 기법을 그대로 사용하기보다는 본 프로그램의 원리를 바탕으로 고유한 대상과 상황에 적합한 창조적인 방법으로 응용하여 적용할 수 있을 것이다. 그리고 이 책에서 H.A.T. 프로그램에 대한 연구 방법은 통계적인 절차와 참여자 개개인의 참여활동과 인터뷰를 분석한 질적 연구로 이루어졌다. 이 책에서는 H.A.T. 프로그램의 타당성과 효과를 입증하기 위해 가능한 한 객관성과 상세한 내용을 전하고자 통합연구방법을 적용하였으나 연구의 깊이에서 아쉬움이 있다. 앞으로 H.A.T. 프로그램의 학문적인 타당성을 더욱 견고하게 구축하기 위해서는 더욱 다양한 측면에서 심층적인 연구가 필요할 것이다.

행복감 증진을 위한 예술치료 해피 · 아트 · 테라피

•　　이 책은 '중년여성을 위한 H.A.T. 프로그램과 효과'라는 나의 박사학위논문을 수정한 것이다. 책 내용은 대부분 학위논문의 모든 부분을 그대로 수록하였다.

•　　책의 내용이 프로그램 연구에 대한 전문적인 관점에서 기술되었기 때문에 이 책은 예술치료나 상담 분야에서 행복감을 증진하는 방법을 연구하고 있거나 또는 타인의 행복감을 일깨우는 데 깊은 관심을 지닌 예술치료사, 상담사, 심리치료사, 사회복지사, 교육계 종사자, 간호사, 봉사자 등 예술치료에 관심이 있는 관련 종사자들에게 많은 도움이 되었으면 한다.

•　　이 책이 나오기까지 그리고 예술치료라는 매력적인 일을 할 수 있기까지 영향을 주신 많은 분들께 감사드린다. 정말 일일이 다 언급하는 것이 불가능할 만큼 많은 분들이 소중한 나눔으로 함께 해주셨다. 사랑의 가르침으로 이끌어 주신 배소심 교수님, 학문하는 사람으로서의 마음가짐을 보여 주시고 일깨워 주신 곽형기 교수님과 김종택 교수님, 아낌없이 격려해 주신 이연수 교수님과 서숙희 교수님, 학자로서의 모습뿐만 아니라 삶의 모든 면에서 본받고 싶은 김병준 교수님과 애정으로 응원해 주신 김윤희 선생님, 김영숙 선생님께도 깊이 감사드린다. 또한 이 책의 연구에 참여해 주신 모든 분들께 감사드리며 소중한 일을 할 수 있도록 전문적인 조언과 격려로 자문해 주시는 김정진 교수님, 구인회 교수님, 조애경 원장님을 비롯하여 사랑으로 함께하는 (사)다솜여성가족문화예술협

회의 자문위원분들, 이사진, 운영진, 연구진, 강사진, 자원봉사자분들께 감사한 마음을 전한다. 그리고 이 책의 출간을 위해 애써 주신 한국학술정보(주) 출판사 임은정 대리님과 이주은 선생님을 비롯한 관계자 분들께도 감사드린다.

마지막으로 무한한 사랑으로 축복을 주시는 하느님께 감사드리고, 사랑하는 어머니와 가족들에게 고마운 마음을 전한다.

윤혜선

◯ **제1장 중년여성과 행복감 그리고 예술치료**

목 차

H.A.T. 프로그램의 개발을 위해 예비실시와 전문가 집단의 검증 과정을 거쳤고, 프로그램의 효과검증을 위하여 C 사회복지기관의 자원봉사자 중 40~60세에 해당하는 중년여성 400명을 대상으로 설문조사의 선별과정을 통해 실험집단과 비교집단을 각각 15명씩 효과 검증대상자로 선별하였다. 프로그램의 적용은 2008년 12월 8일부터 2009년 1월 29일까지 주 2회씩 총 16회기로 매회 90분으로 실시하였다. 이 연구에서 H.A.T. 프로그램 적용 후 참가자들의 변화는 행복감 검사지와 행복의 자각 정도 검사지를 사용하여 사전, 사후, 추후 측정과 8주간의 변화 측정 결과를 통계분석하였다. 또한 실험집단 참가자들의 경험과정에 대한 질적 분석을 위해 디각도 분석과 전문가 김증과징으로 분식하였다.

1) 중년여성

중년여성은 40~59세에 해당하는 여성이다.
이는 생활연령상의 기준(김영숙, 최규련, 2006)을 적용한 것이다.

2) Happy Art Therapy(H.A.T.) 프로그램

H.A.T. 프로그램은 신체와 동작경험을 중심으로 무용, 미술, 음악 등 다양한 예술매체의 치유적 특성을 통합적으로 활용함으로써 행복감 증진을 목적으로 하는 통합예술 예방 및 치료 프로그램이다.

3) 행복감

행복감이란 용어는 행복감의 구성요인으로 6가지 요인을 제시한 Riff(1989)의 Psychological Well-Being(PWB) 이론을 바탕으로 개발된 척도인 Psychological Well-Being Scale(PWBS)을 김명소 등(2001)이 번안하여 사용한 척도의 측정점수를 의미한다.

4) 행복의 자각 정도

행복의 자각 정도를 측정하기 위해 Fordyce(1972)가 제작한 11단계의 단 문항 척도인 Happiness Measures(HM)를 유상란(1988)이 번안하여 사용한 척도의 측정점수를 의미한다.

들어가는 말

.
.
.

행복은 나에게서 출발한다는 것을 경험했어요.

(H.A.T. 참여자 소감 중에서)

　행복은 동서고금과 시대, 문화를 막론하고 인류의 역사 안에서 삶의 목적이 되어 왔다. 미국의 철학자 James는 행복에 대해 "어떻게 하면 행복을 얻고, 보존하고, 회복하느냐 하는 것이야말로 실은 모든 시대를 망라하여 대부분의 사람들에게 그들이 행하는 모든 것 그리고 그들이 기꺼이 감내하고자 하는 모든 것들의 이면에 있는 숨은 동기이다."라고 정의했다(윤인숙, 2008, 7).

　남녀 직장인을 대상으로 실시한 행복만족도 설문조사에서 자신이 행복하지 않다는 응답은 48.2%, 행복하다고 응답한 직장인은 9.8%이었다(잡코리아, 2007). 우리나라는 현재 안전과 범죄, 교육, 자살, 저출산율, 여가, 중독률, 이혼율, 행복지수와 같은 삶의 내면지표에서 절대 통계는 물론 세계적으로 비교하여 상대적인 수치도 매우 낮다(박정희, 2007). 대한민국은 지난 60년간 전 세계적으로 사회경제적 분야에서 기록할 만한 발전으로 기적적인 경제 성장의 성공사례로 주목받고 있다.

　이에 반해 행복지수는 세계 각국과의 비교에서 여전히 하위권에 머물고 있다. 2006년 영국 신경제재단(NEF: New Economics Foundation)과 레스터(Leicester) 대학이 세계 행복지도(World Map of Happiness)를 작성하기 위하여 실시하는 각국의 행복도 조사에서 세계 178개국 가운데 한국인의 행복지수는 각각 하위권인 102위로 나타났다(White, 2007).

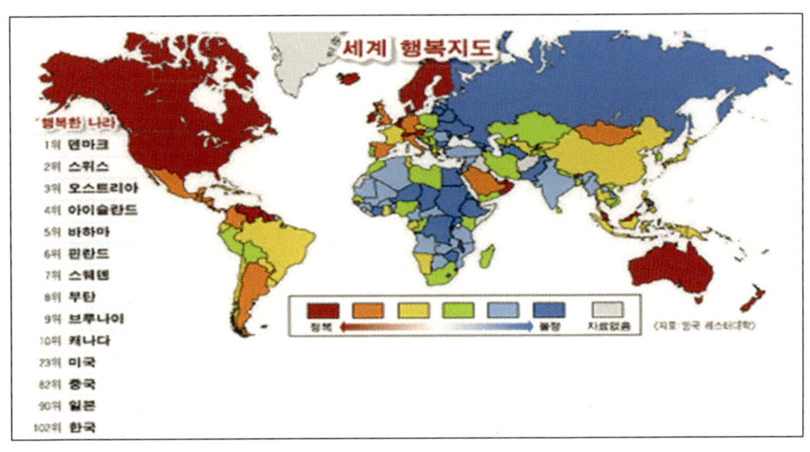

:: 영국 레스터 대학이 만든 행복지도 '나라별 행복지수 순위'

그리고 2007년에 발표된 세계 10개 주요도시(서울, 뉴욕, 토론토, 런던, 파리, 베를린, 밀라노, 도쿄, 베이징, 스톡홀름) 삶의 질 연구에서 서울시민의 만족도는 최하위로 나타났다(문화일보, 2007). 또한 미국 미시간 대학의 세계 가치관 조사에서도 한국의 행복도지수는 39개국 가운데 28위로 조사되었다. 이 조사에서 한국인의 행복지수는 국민소득 1만 달러 시대보다도 오히려 낮아진 것으로 나타났다(한국일보, 2008). 2005년 한국인 가치관의 우선순위를 알아보기 위한 연구에서 한국인 47.8%가 행복을 최우선의 가치로 추구한다고 답하였다(한경비지니스, 2007). 이것은 우리의 삶이 권력이나 명예, 부 등의 양적인 추구에서 삶의 의미라는 질적 추구로 이동되고 있음을 시사하고 있다. 이렇듯 우리나라는 1인당 국민소득 2만 달러를 달성하는 괄목할 만한 경제 성장을 했음에도 불구하고 여전히 삶의 가장 중요한 목적이라고 하는 행복감 면에서는 아직도 풀어야 할 과제가 남아 있는 것이다.

행복감 증진을 위한 예술치료 해피·아트·테라피

삶에서 행복감을 느끼는 것은 삶의 가치와 의미를 느끼는 과정이 된다. 그렇다면 우리의 인생주기에서 행복의 결핍 상태를 가장 많이 경험하는 시기는 언제일까? 전 세계 80개국 200만 명의 삶에 대한 만족도와 행복지수를 분석하였는데 중년기가 생애주기 중 행복지수가 가장 낮은 시기임을 발견하였다. 연구결과에 의하면 어린 시절에는 행복하다고 느끼다가 나이가 들면서 점점 만족도가 낮아져 40대를 전후로 30대에서 50대 사이인 중년기에 가장 불행감을 많이 느끼고 이후로 행복감이 서서히 상승하는 패턴을 보이며, 행복지수와 연령의 상관관계는 U자 곡선의 형태로 나타났다. 이와 같은 패턴은 선진국과 개발도상국, 저개발국에서 일관되게 나타났고 사회경제적 지위, 자녀 유무, 결혼 여부, 직업 및 소득의 변화와 관계없이 일정했다. 평균적으로 남녀 모두 중년기인 44세 전후에 가장 우울하며 특히 여성이 남성보다 조금 일찍 '불행한 중년'이 찾아오는 것으로 분석되었다(Blanchflower & Oswald, 2008).

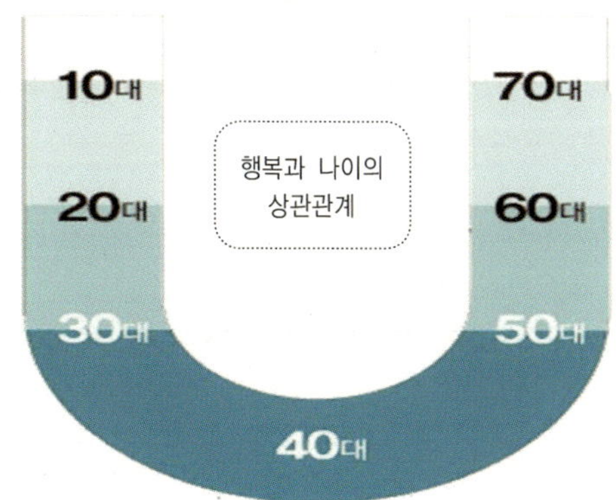

:: 영국 워릭대 앤드루 오즈월드 교수 연구팀
'사회학과 의학'
80개국 200만 명의 삶에 대한 만족도와 행복지수

2007년 통계청이 조사한 최근 15년간의 연령별 자살현황을 보면 우리나라는 청소년과 성인의 자살자 수가 지속적으로 증가하고 있고, OECD 국가 중에 3년 연속 자살률 1위를 차지하고 있다. 특히 40~49세인 중년층의 자살률이 가장 높았다.

이렇듯 중년기는 생애주기에서 위기의 시기로 경험될 수 있는데, 특히 여성에게 중년기는 가정에서 자녀의 독립에 따른 역할의 변화와 생식능력을 상실하는 폐경이라는 신체적인 노화 과정을 통해 신체적, 심리적으로 큰 변화를 체험하는 시기이고, 인간관계의 사회적 변화를 경험하는 심리사회적 과도기이다. 이러한 면에서 큰 변화를 겪게 되는 중년기를 위기의 시기로 바라보는 관점도 있지만, 한편 인생의 후반기를 보다 성공적으로 준비하는 기회의 시기가 될 수 있다는 긍정적인 관점도 있다. 윤여정(2000)은 중년여성의 위기는 어느 독특한 사건이라기보다는 일상생활에서 겪게 되는 갈등이나 불안 및 긴장을 의미하며 위기를 겪는 사람도 정신적으로 결함이 있어서가 아니라 지극히 정상인으로서 사회적 환경 요인이 사고나 행동의 변화를 일으키는 것이라고 제시하였다. 또한 김영숙과 최규련(2006)은 중년기를 생산성이나 이타심을 증가시킬 수 있는 기회의 시기로 보았고, 김명소 등(1999)은 중년기에 사회적 관심을 갖고 다양한 경험과 변화에 개방적인 태도를 가지면 높은 삶의 질을 경험할 수 있다고 하였다. 이는 중년기를 안정과 성숙의 시기로 여기며 적응을 요하는 성장의 전환기로 보는 입장으로서 중년기는 삶의 경험과 지혜를 통해 태도 변화와 선택을 함으로써 인생의 전성기를 보낼 수 있는 시기라고 하였다.

이렇듯 중년기가 위기의 시기든 인생의 전성기든 간에 이 시기에 대한 노력을 집중해야 하는 이유 중의 하나는 생애 후반기로 갈수록 뚜렷해지

행복감 증진을 위한 예술치료 해피 · 아트 · 테라피

는 개인차가 중년기부터 나타나기 시작한다는 것이다(이우경, 2008). 즉 중년기가 누군가에게는 고군분투의 시기일 수도 있고, 또 다른 이들에게는 비교적 편안하게 성취를 누리는 시기로 경험될 수 있다는 것이다. 때문에 이러한 중년기의 적응에 대한 개인차를 극복하기 위해서는 원만한 사회생활을 위한 대인관계를 형성하고 당면한 문제를 지혜롭게 해결하기 위해 개인적 성장과 사회적 적응력을 키우기 위한 노력이 필요하다.

특히 한국의 중년여성들은 부계 중심의 가족구조와 전통적 가치관으로 인한 규범, 생활양식, 성 역할 등과 함께 근대적 가치관에 따라 변화된 삶에 적응해야 하는 우리나라만의 고유한 상황으로 인해 중년기의 위기감이 더 가중되고 있다. 또한 한국의 가족 구조에서 세대 간의 교량역할을 하면서 노부모와 자녀의 기대와 요구 사이에서 그리고 변화하는 자신의 욕구와 다른 사람의 욕구 사이에서 선택의 어려움을 겪고 있다(김명자, 1998). 이러한 이유로 우리나라 중년여성의 심리적 복지의 기준은 자신에게 있기보다는 가족관계를 비롯하여 외부적 조건에 의해 크게 영향을 받음으로써 중년기의 위기감이 더 가중될 수 있는 것으로 나타났다(김영숙, 최규련, 2006). 이것은 한국 중년여성들이 행복감을 느끼는 기준에서조차도 자신이 내적으로 느끼는 기준보다는 외부의 상황이나 조건에 의해 통제될 수 있음을 나타내고 있는 것이다. 따라서 한국 중년여성의 행복감을 증진시키기 위해서는 중년여성 스스로가 자신의 욕구를 이해하고 수용함으로써, 행복감을 느끼는 기준을 외부조건에서 찾기보다는 내적인 중심에서 경험하는 과정이 필요하다.

위에서 언급한 바와 같이 중년여성은 우울이나 자살과 같은 극단적인 상황에 쉽게 노출될 수 있는 시기이며, 모든 연령층 중에 행복지수가 가장 낮은 연령으로서 삶의 행복감을 느끼는 데 가장 취약한 대상이기 때문이다. 따라서 사회적 차원의 중년여성의 행복감 증진은 사회 전체에 긍정적인 파급효과를 기대할 수 있을 것이다. 중년여성의 행복감이 향상되면 사회의 가장 기본단위인 가정의 행복감 증진에 도움이 되고, 나아가 사회 전체의 행복감 증진에도 도움이 될 수 있을 것이다. 이러한 면에서 건강하고, 행복한 사회를 만들기 위해서는 중년기 여성들의 행복감을 증진할 수 있는 사회적 차원의 관심과 구체적인 대안이 필요하다.

이러한 대안적 관점으로 중년여성을 대상으로 진행된 연구들 중에 프로그램을 개발하고 적용한 연구들을 살펴보면, 우울(Zust, 2000)이나 위기감(황경애, 김갑숙, 2007), 갱년기 증상(김부, 2005), 자아분화(오금숙, 2003), 자아존중감(김수현, 2005), 자아정체감(변외진, 2006), 자아성장(Gordon & Ledray, 1986) 등이 있다. 지금까지 진행된 중년여성을 대상으로 하는 대부분의 연구들은 대체로 중년여성의 우울이나 위기와 같은 부정적인 측면에 초점을 두었다. 한편, 긍정적인 측면의 연구로는 중년여성의 행복감에 미치는 요인 규명이나 영향에 관한 연구(김극로, 장덕선, 1997; 김영숙, 최규련, 2006; 이광욱, 김준희, 2008), 자기성장의 일부분을 다루거나 신체활동을 통한 건강증진 프로그램(김승철, 심향보, 2003; 현경선, 2001)과 정신 건강을 위한 집단상담 프로그램(김영아, 2008) 등이 있다. 이상에서 본 바와 같이 이제까지 중년여성의 건강증진이나 자기성장, 긍정적인 측면의 개선을 위한 프로그램을 개발하거나 효과를 검증한 연구는 많지 않은 편이다.

그 밖에 중년여성의 행복감 증진을 위한 신체활동 프로그램들(강현숙 등, 2005; 박주영, 안주미, 2005)이 있으나 행복감 증진을 위한 방법으로

행복감 증진을 위한 예술치료 해피 · 아트 · 테라피

써 신체활동으로만 접근하고 있기 때문에 중년기 여성의 다양한 심리적 상황을 심층적으로 이해하거나 심리적, 신체적, 사회적 측면의 통합적인 관점으로 행복감을 다루는 데 한계가 있다.

이러한 상황에서 최근 우리나라에서는 행복감 증진 프로그램으로 상담 및 심리치료 프로그램(김상아, 박웅섭 2007; 박숙경, 2003; 설기문, 1990; 이우경, 2008)과 신체활동 프로그램(강현숙 등, 2005; 박주영, 안주미, 2005) 등이 실제적인 방법적 대안으로 개발되고 있다. 최근에 중년여성의 행복에 대한 관심과 연구가 급증하고 있는 반면에 행복감을 증진시키는 실제적인 방법론을 제시하는 연구는 상대적으로 부족한 편이고, 연구의 접근 방법도 다양하지 않다. 그리고 프로그램의 구체적인 효과 검증 연구도 미비한 실정이다.

최근 들어 행복에 대한 연구 중에 심리학 분야에서 '긍정심리학(positive psychology)'이 부각되면서 행복지수는 계발과 훈련으로 향상시킬 수 있다는 입장이 제시되었다(한기순, 김영미, 2008; Csikszentmihalyi, 1990; Seligman, 1990; Klein, 2002; Lyubomirsky, 2007).

미국 대학에서는 '긍정심리학'과 '행복경제학' 등의 행복 연구 활동이 활발해지고 있고, 행복 관련 강좌가 인기를 끌고 있다(세계일보, 2007). 하버드 대학에서도 '행복론' 강좌를 개설해 운영하기 시작했다. 영국 BBC는 행복에 관한 특집방송으로 '슬라우 행복하게 만들기'라는 프로그램에서 행복 실험을 통해 행복감을 증진시킬 수 있는 구체적인 방법들을 보급함으로써 슬라우 시 주민을 비롯해 영국 국민들에게 행복운동에 대한 관심을 일으켰다. 또한 영국 정부 차원에서 중등교육 과정에 '행복수업'을 넣는 방안을 추진하고 있다(세계일보, 2007). 이와 같이 미국을 비롯한 서구의 교육계는 성찰의 시각으로 성공 위주의 교육 태도에 대해 반성하면서, 행복한 삶을 유지하기 위한 사회 환경적, 제도적 보급을 시작하고 있다(남인숙, 2007). 최근 우리나라에서도 행복의 훈련과 보급적 측면의 필요성을 인식하고, 전국단위를 대상으로 '배려'와 '행복'을 위한 신가정교육 프로그램이라는 주제로 청소년들의 행복증진을 위해 교육적 보급을 시도하고 있다(박정희, 2007).

이 책에서는 중년여성의 행복감 증진을 목적으로 예술치료의 특성을 적용한 Happy Art Therapy(H.A.T.) 프로그램에 대한 연구내용을 수록하였다.

예술치료는 1940년대부터 미국을 중심으로 음악치료, 무용치료, 미술치료 등 전문 분야별로 아카데미와 학회가 설립되면서 정신 치료적 관점에서 예술의 적용에 대해 학문적으로 체계화되었다.

예술치료의 현황을 살펴보면 예술치료의 학문적 배경이 심리학과 의료적 환경 내에서 체계화되면서 우울증이나 정신분열증 환자 또는 암 환자 등을 대상으로 적용하여 주로 의료적 치료의 보조수단이나 병리적인 치료에서 진단을 돕기 위한 수단으로 활용되었다. 이렇게 초기 예술치료의 적용과정에서는 대부분 정신 병리를 지닌 대상이나 의료적 관점의 '치료'를 중심으로 적용범위를 매우 한계적으로 활용하는 경향이 많았다(김천오, 2007; 엄애숙, 2005, 이경화, 2005; 이정운, 2006; 임세라, 2006; 정영희, 2004).

치료적 예술의 적용범위는 '치료'를 위한 수단뿐만 아니라 좀 더 광범위한 치료의 의미인 '예방과 회복'이라는 측면으로 보다 폭넓게 적용될 수 있다(McNiff, 1992). 최근 예술치료 분야에서 예술이 지닌 본래의 치료

행복감 증진을 위한 예술치료 해피 · 아트 · 테라피

적 가치를 재발견하는 시도로서 인간의 성장과 회복 및 예방을 위한 차원으로 예술치료의 적용범위를 확산하여 연구하는 경향이 나타나고 있다(강효현, 2006; 김미정, 2004; 김연희, 2004; 김정수, 2007; 민경림, 2000; 신차선, 2004; 윤혜선, 2004; 오가영, 2008; 오은영, 2005; 현지애, 2007; Haplrin, 2003). 즉 정신건강 유지와 정신적 질병의 예방을 목적으로 한 예술치료의 적용가능성들이 밝혀지고 있다. 그러나 이러한 연구는 현대인의 행복지수를 높이는 데 직접적인 기여를 하지 못하였다.

따라서 이 사회의 행복증진을 위해서는 행복에 대한 분석이나 관심에 그칠 것이 아니라 다양한 대상별로 연구하고 행복감 증진을 위한 다양한 프로그램을 개발해서 그 효과에 대한 과학적 검증이 이루어져야 행복감 증진에 대한 폭넓은 연구와 실질적인 보급이 이루어질 수 있을 것이다. 특히 우리나라가 행복지수의 후진국이라는 불명예를 벗어나기 위해서는 행복 선진국의 사례를 연구하고 우리나라의 실정에 맞는 행복감 증진을 위한 제도적 실천 방안의 모색을 통해 개인뿐만 아니라 사회적으로 체감되는 행복감 증진에 도움이 될 수 있을 것이라 사료된다.

이에 저자는 오랫동안 인류의 삶의 목표가 되어 온 행복감을 증진시키는 효과적인 방법으로서 예술치료의 적용을 제안하고, 예술이 지닌 치유적 가치를 새롭게 발견함으로써 예술치료의 적용범위를 보다 확장하는 시도의 의미에서 H.A.T. 프로그램을 연구하고자 하였다.

H.A.T. 프로그램은 신체와 동작경험을 중심으로 다양한 예술매체의 치유적 원리를 통합적으로 활용하는 예방 및 치료 프로그램이다. H.A.T. 프로그램은 스트레스, 우울 및 자살생각 감소와 자아존중감 증진을 위해 군인들을 대상으로 적용한 결과 군 생활적응 증진에 매우 효과적이었다(강

혁준, 2007; 김종임, 윤혜선, 2007; 2008; 김종임, 윤혜선, 한선옥, 2008).
현재 본 프로그램은 생명사랑, 행복한 문화 만들기를 지향하며 군인들의
군 생활 적응력 향상을 위해 지금까지 7천 회 이상 실시, 보급되어 왔다.

이에 이 책자에서는 군인들을 대상으로 효과가 검증된 H.A.T. 프로그
램의 연구를 토대로 전 생애주기에서 행복감 증진이 가장 필요한 대상인
중년기의 여성을 위한, 행복감 증진 프로그램 개발에 대한 연구 내용을
중심으로 다루었다. H.A.T. 프로그램은 내적인 욕구의 표현을 자유롭게
하지 못하는 우리나라 중년여성의 정서적 특징을 예술이라는 상징적인
매체를 통해 건강하게 표출할 수 있는 기회를 제공하도록 하였다. 그리고
행복의 결핍상태를 경험하는 우리나라의 중년여성들에게 본 프로그램은
가족이나 외부 조건이 아닌 자신 안의 내적인 기준에 의해 행복감을 발
견하도록 촉진적인 역할을 하였다. 이는 신체적, 심리적, 사회적 차원의
통합적인 관점으로 개입함으로써 우리나라 중년여성들의 행복감을 증진
시킬 수 있는 효과적인 대안이 될 수 있을 것이다.

이 연구를 통해 행복감 증진을 목적으로 예술의 치유적 특성을 적용함
으로써 예술을 활용한 치유의 적용범위를 확장하고, 예술의 치유적 가치
를 재발견하는 계기를 마련하려 한다. 또한 심각한 수준에 이르고 있는
현대인의 행복불감증과 다양한 정신건강 문제의 예방 차원에서 예술이
치유적인 문화로 보급될 수 있는 기반을 마련한다는 면에서 이 연구의
활용 가치가 있을 것으로 기대된다.

이 책에서는 H.A.T. 프로그램의 타당성과 효과를 입증하기 위해 가능
한 한 객관성과 상세한 내용을 전하고자 통합연구방법을 적용하였으나
연구의 깊이에서 아쉬움이 있다. 앞으로 H.A.T. 프로그램의 학문적인 타

행복감 증진을 위한 예술치료 해피·아트·테라피

당성을 더욱 견고하게 구축하기 위해서는 더욱 다양한 측면에서 심층적인 연구가 필요할 것이다. 이 책자 H.A.T. 프로그램의 대상은 중년여성을 중심으로 연구되었기 때문에 중년여성에 해당되는 현장에서 활용하기에 가장 적합한 자료가 될 수 있을 것이다. 그러나 아동이나 노인과 같이 다른 대상에게 적용할 경우라도 행복감 증진에 대한 프로그램 개발의 절차나 프로그램의 구조를 참고함으로써 현장 적용에 도움이 될 것이다.

제1장 중년여성과 행복감 그리고 예술치료

·
·
·

행복의 기술은 특별한 것이 아니라 행복의 기준을 어디에 두느냐에 따라
무한정 느끼고 만끽할 수 있다는 것을 새삼 느끼게 되었다.

(H.A.T. 참여자 소감 중에서)

1. 중년여성이란?

1) 중년여성의 개념

중년기는 인간의 성장발달 과정에서 청소년기와 노년기의 중간 시기로 인생의 전환점이 된다. 이 시기는 청소년기와 성인 초기의 발달단계를 거쳐 오면서 앞으로 맞이할 노년기를 대비하는 시기라고 할 수 있다. 최근 중년기를 연구하는 심리학자들은 초기 발달이나 노년기의 과정을 이해하는 것뿐만 아니라 성공적인 발달을 위해서는 특히 중년기에 주목하고 탐구해야 한다고 제안하고 있다(Lachman, 2001).

중년기에 대한 구분은 학자들마다 다양한 견해를 보이며 인생 단계의 어느 시기를 중년기로 할 것인지의 문제에 대해 의견이 분분하다. 중년기 발달에 대한 선행연구들을 살펴보면 주로 생활연령과 가족생활 주기가 주요 기준으로 사용되고 있다. 국내연구에서는 생활연령상 40~59세(김영숙, 최규련, 2006)로 구분한 경우가 가장 보편적이다. 이에 반해 가족생활 주기에서의 기준은 연령과는 상관없이 막내 자녀가 독립하기 시작하는 시기로부터 직업생활에서 은퇴하는 시기까지를 중년기로 구분하였다(Neugarten et al., 1965). 즉 자녀 양육역할에서 조금씩 벗어나 비로소 독립적, 자율적 존재로서 자아의 요구, 성장 발달에 대한 관심이 증대되는 시기로 보고 있다. 그러나 우리나라의 경우 자녀가 결혼한 이후라도 물질적, 정신적으로 부모역할을 지속하는 경향이 있으며 자녀 출산시기의 개인차가 커짐에 따라 자녀의 나이를 적용하여 중년기를 구분하기에는 어려움이 있다(김영숙, 최규련, 2006). 따라서 이 연구에서는 생활연령상의 기준으로 선행연구에서 가장 보편적으로 연구하고 있는 40~59세에 해당하는 여성을 중년기 여성으로 정의하였다.

2) 중년여성의 특성

중년기의 특성은 신체적, 정신적, 사회적 관점 등 다양한 시각으로 분류하고 정리할 수 있지만 본 연구에서는 중년기의 특성을 변화의 시기라는 관점에서 부정적으로 보는 견해와 긍정적인 견해, 즉 위기론적 입장과 성장의 기회라는 두 가지 관점으로 중년기 여성의 특성을 고찰해 보았다.

중년기는 발달이론에서 모순적 시기이자 청소년기와 같은 질풍노도의 시기로 표현하고 있다. 중년기에는 남성과 여성 모두 삶의 영역이나 다양한 상황에서 새로운 변화나 적응을 요구받는 시기이다(이우경, 2008). 이러한 적응의 변화에는 사회적 영역, 신체적 영역, 역할의 영역 등에서의 변화를 포함한다. 중년기에 어떤 사람들은 실직, 꿈의 상실, 건강 문제, 자녀와의 갈등, 이혼, 배우자의 사망이나 부모의 사망과 같은 힘겨운 사건과 문제들로 인해 위기의 시기로 경험하기도 한다. 한편 어떤 사람들은

행복감 증진을 위한 예술치료 해피 · 아트 · 테라피

중년기가 그동안 성취한 것을 누리는 안정적인 시기로 경험하기도 한다. 이에 Keyes와 Riff(1999)는 중년기에 심리적 증상을 더 적게 경험하고 높은 수준의 결혼 만족과 생활 만족, 숙달감을 경험한다고 보고한 바 있다.

이러한 중년기 경험의 차이는 상황이나 문제에 대한 대처 능력의 개인차로부터 비롯되기도 한다(이우경, 2008). 즉 중년기에 아무런 준비 없이 수동적으로 변화에 노출된 경우에는 위기의 시기로 경험하는 관점과, 반대로 적극적인 자세로 맞이한 경우에는 인생의 만족감을 느끼는 시기로 경험될 수 있다는 점에서 중년기에 대한 경험의 차이는 개개인별로 격차가 심해질 수 있다는 것이다.

이리한 중년기에 대한 두 가지 관섬 가운데 중년기 여성이 경험할 수 있는 위기론적 측면에서 질병, 젊음의 상실, 배우자의 죽음 등 지금까지 살아온 삶의 방식을 뒤엎어 놓을 정도의 변화와 도전이 초래하는 혼란에 초점을 맞추는 위기의 시기로 제시되고 있다(황경애, 김갑숙, 2007). 특히 중년여성은 정신적인 면에서 많은 변화를 겪게 된다. 자녀의 양육에 몰입했던 시간들이 자녀들의 성장과 더불어 자신만의 시간들로 남게 되고, 중년기 남성들이 사회적으로 안정적인 위치를 갖는 데 비해 상대적으로 아무것도 이루어 놓은 것이 없는 듯한 허탈감을 느끼게 되면서 현실 적응이 어려운 가운데 불안, 우울, 절망과 같은 정서적 변화가 나타난다(김극로, 장덕서, 1997; 성미혜, 2002). 또한 중년여성은 폐경이라는 갱년기 과정을 통해 신체적인 매력의 상실로 남편의 사랑과 관심을 받지 못할 것이라는 두려움과 어머니와 아내로서의 역할이 줄어들면서 소외감과 외로움의 부정적인 정서반응으로 나타난다(Andrews, 2001).

Duvall(1985)은 자녀의 독립에 따른 부모역할의 감소라는 관점에서 빈

보금자리(empty－nest period)의 시기로 표현하며 새로운 자각에 눈을 뜨는 시기라고 하였다. 남녀를 조사대상으로 고등학교 상급학년, 신혼부부, 중년 및 은퇴기 직전의 사람들을 조사한 결과, 중년기 여성이 가장 정신적, 육체적으로 긴장되어 있는 것으로 보고된 바 있다(Gove, 1980). 특히 우리나라의 중년여성은 가부장적 의식과 고부간의 갈등, 자녀와 남편과의 갈등 등으로 더욱 많은 문제를 겪고 있다(이원희, 1992).

이러한 부정적인 정서 가운데에서도 특히 우울은 중년여성에게 가장 발현율이 높은 것으로 보고되고 있는데, 많은 연구에서 중년여성이 우울을 경험하는 것으로 나타났다(권석만, 2000; 김미옥 등, 2002; 김희경, 2004; 정미혜, 2002). 이은희와 최정화(2004)는 가부장적 체계에서 여성의 의견이 무시되고 자신의 감정표현이 억압되는 상황이 여성으로 하여금 우울경험을 하게 만든다고 제시하였다. 또한 중년여성은 사춘기를 맞이한 자녀들의 신체적 독립성에 대한 요구 증가, 가족원들의 지출 증가에 따른 재정적 부담의 증가, 이로 인해 가족 내 응집성과 친밀성과 같은 심리 정서적 유대의 약화 등 다양한 형태의 부정적 정서를 경험하게 된다(박정희, 유영주, 2000). 이렇게 다양한 부정적 경험으로 인해 중년여성이 남성에 비해 결혼만족도와 삶의 질이 낮고, 심리적 스트레스 수준도 높게 나타나는 것으로 보고된 바 있다(고정자, 김갑숙, 1998). 이렇듯 중년여성이 경험하는 다양한 형태의 부정적 현상은 아내이자 어머니인 여성으로서, 또 자녀 양육과 가사담당자로서, 일차적 책임자의 역할을 담당하여 오면서 당면하고 있는 문제들이다.

이와 반대로 중년여성이 경험할 수 있는 중년기의 긍정적인 측면을 살펴보면, 중년기는 성취적인 측면, 경제적 안정성, 직업에 대한 열정, 부모

행복감 증진을 위한 예술치료 해피 · 아트 · 테라피

의 책임에서 벗어나는 자유 등에 초점을 맞추어 생산성이나 이타심을 증가시킬 수 있는 기회의 시기로 볼 수 있다(김영숙, 최규련, 2006). 중년기 후기에 해당되는 40~50대 여성들이 사회적 관심을 갖고 다양한 경험과 변화에 개방적일수록 높은 삶의 질을 경험할 수 있는 것으로 나타났다(김명소, 성은현, 김혜원, 1999). 이는 중년기를 안정과 성숙의 시기로 여기며 적응을 요하는 성장의 전환기로 보는 입장이다. 중년기가 자신의 삶에 대한 가치관의 타당성을 점검하고, 성취가능한 새로운 목표를 추구하며 자아성찰이 증가하는 시기라고 보는 것이다(김명자, 1989). 동일한 맥락으로 인간의 발달과정에 대해 연구한 학자들 중 Jung, Jagues, Levinson과 Vallant 등은 중년기를 일생에서 가장 중요한 성격변화의 시기로 보았다. 왜냐하면 중년기는 심한 정서적 위기를 경험하고 혼란과 갈등을 겪게 되지만 이는 성숙한 인격으로 발달해 가는 과정에서 반드시 경험해야 하는 긍정적인 현상이기 때문에 결코 병리적인 현상이 아니라는 것이다(김애순, 1993). May(1981)는 삶의 위기와의 직면을 긍정적으로 보았으며 이것이 성장을 위한 가능성을 가져오게 한다고 주장했다. 또한 중년기의 우울경험에 대해서도 새로운 관점을 제시하기도 한다. 김현숙(2007)은 중년기의 우울 경험을 통해 오히려 여성은 정서적으로 더 세련되고 보다 적극적인 자세를 가질 수 있으며, 인간의 다양성을 존중하는 개방된 인품을 지닐 수 있는 긍정적 측면이 있다고 보고하였다. 김애순(1993)은 이 시기에 당면하게 되는 다양한 문제를 풀어 가는 과정은 성공적인 노년기의 준비과정으로서 본능적 인식에 기인한 재탄생의 경험이자 전조라고 하였다. 동일한 관점으로 Clausen(1976)은 중년기의 남녀 모두 자기 확신감, 통찰력, 자아개념 등이 최고조에 달하며, 긴장감에 보다 현명하게 적응하고 새로운 정보를 발전시켜, 자신의 목표달성에 사용한다고 제시한 바 있다.

중년기의 경험에 대한 학자 간의 상반된 이견은 중년기에 겪게 되는 상황이나 일에 대해 느끼는 자신의 경험에 대한 재평가와 재적응의 능력에 의해 달라질 수 있는 것으로 나타났다(정옥분, 2004). 즉 중년기에 대한 경험의 차이는 개인의 내적 능력을 어떻게 발휘하는가에 달려 있고, 이를 성공적으로 발휘했을 경우, 중년기는 생애주기에서 가장 안정감을 느끼는 성장의 시기로 경험될 수 있는 것이다.

이상의 고찰을 종합해 보면 중년여성들이 자신에게 당면한 문제나 변화에 대해 회피하거나, 아무런 준비 없이 무기력한 태도로 중년을 맞이하는 경우, 중년기는 자칫 자신과 삶을 포함한 인생 전반에 대해 위기감을 느끼는 시기가 될 수 있다. 그러나 이 시기를 통해 지나온 삶의 경험과 자신에 대해 새롭게 인식하거나, 당면하는 위기나 문제를 적극적으로 대처하는 내적인 능력을 발휘하게 된다면 중년기는 위기의 시기가 아니라 오히려 자신과 삶의 가치에 대해 재발견하며, 여성으로서나 개인으로서 더욱 성숙되고 통합되는 기회의 시기가 될 것이다.

2. 행복감이란 무엇인가

1) 행복감의 개념

행복감은 지극히 주관적인 느낌으로서 기쁨, 만족감, 즐거움 등 삶에 대한 긍정적 느낌을 표현하는 다양한 개념으로 표현될 수 있다.

행복감이나 삶의 만족감에 대한 초기 연구들에서는 인구 통계적, 경제 사회적 변수들이 주요 연구대상이었으나 점차로 이런 객관적인 측면은 주관적인 측면으로 확장되었다(Csikszentmihalyi, 1990; Daniel, 2005; Diener, 1994; Lyubomirsky, 2007).

행복에 관한 연구에서 행복감을 측정하는 용어가 학자에 따라 다양하게 표현되고 있는데 주관적인 삶의 질(subjective quality of life scale), 주관적 안녕(subjective well – being), PWBS(psychological well – being), 삶에 대한 만족도(life satisfaction), 행복(happiness), 웰빙(well – being) 등 다양한 용어를 사용하고 있다. Fodyce(1988)는 안녕감, 행복감, 삶의 만족도 그리고 사기를 상호 관련되는 유사한 개념들로 간주하였다.

Daniel(2005)은 행복의 의미에 대해 세 가지 단계로 제시하고 있다. 첫 번째 단계는 행복에 대한 가장 직접적인 의미로 기쁨이나 즐거움 같은 감정 혹은 느낌을 말한다. 이런 느낌은 일시적이며 분명하고 특별한 현상을 갖고 있다. 그러나 어떤 사람이 '행복하다'라고 말할 때의 행복이 그 사람이 항상 기쁘거나 즐겁다는 것을 의미하는 것은 아니다. 즉 첫 번째 단계의 상태가 행복의 모든 의미를 대변하지 못하는 것이다. 두 번째 단계는 살면서 느낀 즐거움과 고통을 비교해 보고 장기적으로 삶이 더 즐거웠다는 것을 의미한다. 이 단계에서의 행복의 의미는 기쁨이나 즐거움과 같은 구체적인 느낌이 아니라, 느낌들의 전체적인 균형 상태에 대한 종합적인 판단을 한 것이다(Daniel, 2005). 즉 행복이란 감정 그 자체와 그런 감정에 대한 판단이 혼합된 상태를 말한다. 비슷한 말로는 심리학에서 자주 표현되는 삶에 대한 만족과 같은 단어로 나타낼 수 있다. 따라서 2단계 행복은 오랫동안 축적된 긍정적인 감정과 부정적인 감정 사이에서 긍정적인 감정이 더 우세하다고 판단한 상태를 의미하는 것이다. 마지막으로 세 번째 단계에서 제시하는 행복의 의미는 더 광범위한 의미를 지니고 있다. 이 단계에서 제시하는 행복의 의미는 Aristoteles의 'eudaimonia'라고 하는 행복으로 번역되어 사용되는 개념에서 비롯된 것으로 현대 심리학과 철학에서 '최선의 삶'이라고 사용해 온 의미이다. 이것은 자신의 진정한 잠재력을 실현하는 삶을 말한다. 그러나 세 번째 단계에서 제시하고 있는 행복은 이러한 삶을 통해 긍정적인 감정이 많이 존재할 수는 있지만, 반드시 그래야만 하거나 강요할 수는 없는 상태라고 할 수 있다. 이렇게 행복에 대한 의미는 다양한 관점과 수준에 의해 다르게 평가되거나 해석될 수 있는 것이다.

따라서 본 연구에서는 행복감에 대해 연구한 많은 학자들이 있지만 기존의 학자들에 비해 Daniel(2005)이 제시한 행복의 세 가지 단계 개념을 모두 포괄하면서 행복의 개념을 좀 더 다양하고 광범위한 관점으로 바라보고 연구한 심리학자 Riff(1989)의 Psychological Well-Being(PWB)의 개념을 행복감으로 정의하여 사용하였다.

행복감 증진을 위한 예술치료 해피 · 아트 · 테라피

2) 행복감의 6가지 요인

본 연구에서는 '행복의 개념'을 다루는 장에서 소개했듯이 심리학자
Riff(1989)의 Psychological Well – Being(PWB)의 개념을 행복감으로 정의
하여 사용하였다.

Riff(1989)의 행복감(Psychological Well – Being: PWB)은 삶의 질을 측정
하기 위하여 이루어진 연구들, 즉 객관적 지표를 이용하는 연구들이나 주
관적 안녕감의 단순한 쾌락적 즐거움을 달성하는 것으로 삶의 질을 측정
하는 연구들의 한계를 극복하고자 제안한 것이다. 이에 PWB는 개인의
삶이 전체적으로 즐겁고 기쁜지, 개인이 자신의 삶에 만족하며 행복감을
느끼고 있는지에 대한 전체적인 삶의 만족도로 정의하고 있다.

Riff(1989)는 기존의 행복감에 대한 연구들이 쾌락적인 측면에만 초점을
두어 행복감에 대한 다양한 측면의 심리적 기능을 파악하는 데 무리가
있다고 지적하였다. 행복한 삶이라는 것은 단지 정서적 측면의 충족뿐만
아니라 한 개인이 사회의 일원으로서 원활하게 기능하는가를 반영할 필
요가 있다고 제시하였다. Riff(1989; 김명소 등, 2001)는 이러한 차원에서
삶의 행복감에 대해 연구하면서 임상과 상담, 발달 심리학에서의 여러 이
론들, 즉 Allport의 성숙(maturity), Buhler의 기본적 삶의 경향(basic life
tendencies), Erickson의 심리사회적 발달단계 모형(psychosocial stage model),
Maslow의 자아실현(self – actualization), Neugarten Rogers의 완전히 기능하
는 개인(fully functioning person), Jung의 개성화(individuation) 등의 심리
학적 이론들을 기초로 하여 삶의 질을 구성하는 6가지 요인을 제시하였
다. 이러한 6가지 요인을 바탕으로 행복감 측정을 위해 개발한 척도가

Psychological Well‒Being Scale(PWBS) 척도이다. 여기에서의 6가지 요인
은 자아수용(self‒acceptance), 긍정적 대인관계(positive relation with others),
자율성(autonomy), 환경 통제력(environmental mastery), 삶의 목적(purpose
in life) 그리고 개인적 성장(personal growth)으로 구성되어 있다. Riff와
Keyes(1995)는 미국에 거주하는 1,098명을 대상으로 PWBS의 6가지 요인
에 대한 확증적 요인분석을 통해 초기의 연구(Riff, 1989)와 동일한 결과
를 얻어 PWBS의 6가지 요인의 구조가 행복감을 측정하는 데 적합한 구
성임을 검증하였다. 또한 우리나라의 성인을 대상으로 PWBS를 적용한
연구에서 우리나라 일반 성인에게도 적합한 구조를 가지는 것으로 확인
되었다(김명소, 김혜원, 차경호, 2001).

PWBS의 6가지 구성요인의 바탕을 이루는 심리학적 이론의 연관성은
<그림 1>과 같다.

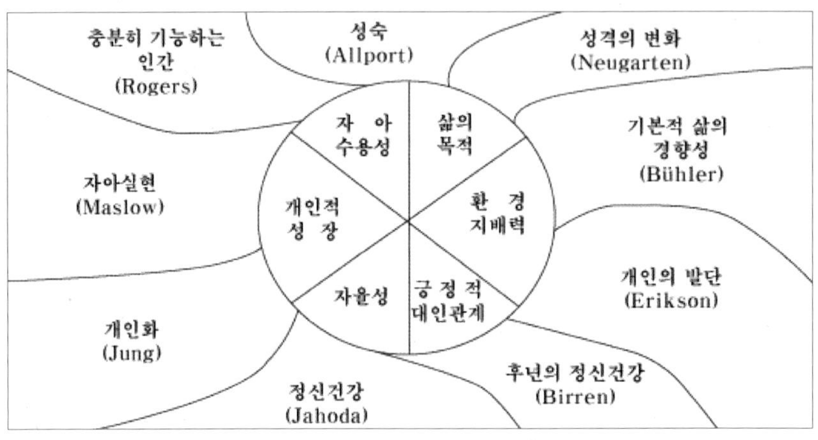

〈그림 1〉 행복감의 6가지 요인과 이론적 원류(Riff, 1995, 100)

Riff가 제시한 6가지 각각의 요인에서 높은 점수와 낮은 점수가 무엇을 의미하는가는 <부록 4>에 제시되어 있다.

Riff(1989)가 제시하고 있는 PWB가 높은 삶이란 자신을 있는 그대로 수용하고, 긍정적인 대인관계를 지속적으로 유지하며, 자신의 행동을 스스로 조절하는 능력이 있고, 환경을 선택하고 변화시킬 수 있는 주위 환경에 대한 통제력이 있으며, 삶의 구체적인 목적이 있고, 자신의 고유한 잠재력을 실현시키고 성장시키려는 동기가 있는 삶이다.

3) 행복감 증진에 관한 선행연구

한국을 포함하여 미국, 그리스, 슬로베니아, 아르헨티나, 바레인 등 거의 모든 나라 사람들이 인생에서 가장 원하는 것이 무엇이냐는 질문에 대부분의 응답자들은 한결같이 행복을 첫 번째로 꼽았다(Diener, 2000). 2005년 한국인 가치관의 우선순위를 알아보기 위한 연구에서 한국인 47.8%가 행복을 최우선의 가치로 추구한다고 답하였다(한경비지니스, 2007). 그러나 이러한 행복추구에 대한 열망에 반해 많은 사람들은 원하는 만큼 만족스럽지 않거나 충분히 행복하지는 않은 것으로 보고되고 있다. 미국 성인을 대상으로 조사한 삶의 만족도에 대한 전국 표본조사 결과를 보면 54%가 '정신적으로 그런대로 건강'하지만 활력이 넘치는 삶을 살지는 못하고 있다고 응답하였다(Keyes, 2005). 이에 따르면 더 행복해질 수 있는 방법을 배우는 일은 지금 우울하거나 침체되어 있는 사람들에게만 절실한 게 아니라 누구에게나 소중한 문제라는 것을 의미한다.

Lyubomirsky(2007)는 사람들이 행복해지기를 원하는 이유에 대해 그저 기분이 좋아지는 차원의 수준이 아니라 행복이 부가적인 혜택을 가져다 준다는 사실에 더 의미를 두고 있다고 제시하였다. 이에 따르면 덜 행복한 사람들과 비교해 볼 때 행복한 사람들은 더 사교적이고 활기차고, 보다 관대하고 협조적이며 다른 사람들로부터 더 호감을 사게 됨으로써 행복한 사람이 결혼 생활을 지속해 나가고 원만한 교우 관계와 풍부한 사회적 지원을 확보할 가능성이 높아진다는 것이다(Harker & Keltner, 2001). 나아가 행복한 사람들은 사고가 더 유연하고 독창적이며 사회에서 성공하는 리더가 되거나 경제적으로 부유한 상태가 된다고 보고하였다(Diener et al., 2002; Lyubomirsky, 2007). 간단히 말해 행복은 삶의 모든 영역에 셀 수 없이 많은 긍정적인 부산물을 안겨 주면서 개인이 행복해지면 자신뿐 아니라 배우자와 가족, 지역 공동체, 나아가서는 사회 전체에까지도 혜택이 돌아가게 된다는 면에서 개인 행복증진의 의미는 매우 큰 의의를 지닐 수 있는 것이다.

1960년대부터 행복에 관한 학문적 관심이 시작되면서 사회과학자들은 객관적인 사회, 경제적 요소들에 관심을 두고 인구사회학적 변인들로서 행복의 개념을 설명하려 하였다. 이들의 초기 관심은 나이, 성, 민족, 수입, 주거 밀집성, 환경적 공해수준과 같은 질적 생활에 대한 경제 사회적 지표들이었다(정윤선, 1993). 그러나 인구사회학적 요인과 행복에 대한 상관성을 설명하는 변량은 15% 이하(Diener, 1994; Myers & Diener, 1995) 또는 10% 내외(Lyubomirsky, 2007)로 보고하고 있다. 이러한 결과를 통해 인구사회학적 변인으로 행복을 설명하는 데는 한계가 있음을 지적하게 되었다. 이에 따라 일부 심리학자들은 행복의 개념을 외적인 기준이 아닌

행복감 증진을 위한 예술치료 해피 · 아트 · 테라피

개인의 내적인 가치체계를 중시하는 주관적 기준에 관심을 가지면서 최근에는 개인의 행복에 영향을 미치는 심리적 요인에 대한 연구 분야가 활발하게 진행되고 있다(Csikszentmihalyi, 1990; Daniel, 2005; Gilbert, 2006; Klein, 2002; Lyubomirsky, 2007; Seligman, 1990).

최근 행복에 대한 관심이 전 세계적으로 확산되면서 미국을 비롯한 영국과 유럽에서는 사회적인 관점에서 행복증진에 대한 필요성을 인식하고 심리학 분야를 중심으로 행복감 증진을 위한 구체적인 방법에 대한 연구들이 점차적으로 진행되고 있다.

긍정심리학을 비롯하여 일부 심리학자들은 행복감의 증진도 훈련되고 습득될 수 있는 것이라고 세시하였다(Csikszentmihalyi, 1990; Klein, 2002; Lyubomirsky, 2007; Seligman, 1990).

기존의 심리학에 새로운 흐름을 제시한 '긍정심리학'은 최근 행복연구의 중심을 이루고 있다. 긍정심리학은 1988년 미국 심리학회(APA)에서 Seligman에 의해 그 중요성이 강조되었다. 기존의 심리학이 인간의 정신적 건강과 행복보다 정신적 질병과 장애와 같은 병리적인 측면에 집착하여 왔던 사실을 반성하면서 개인과 사회의 번영에 기여하는 인간적 장점과 미덕, 특히 행복이라는 마음의 상태, 즉 행복감, 행복, 만족 등 삶의 긍정적인 경험에 중심을 두고 있다(Seligman, 1990).

긍정심리학에서 연구한 행복에 관한 실험을 살펴보면, 극단적인 우울 증세를 겪고 있는 집단을 대상으로 행복감을 높이기 위해 '매일 그날 일어났던 좋은 일 세 가지씩 기억해 내기', '의사가 추천해 주는 책 한 장 읽기' 등의 간단한 과제로 이루어진 프로그램을 적용한 결과, 보름이 채 지나지 않아 집단 참가자의 우울 증세는 '심각한 우울'상태에서 '경미하거나 보통' 정도의 우울 상태로 호전되는 등 참가자 중 94%의 증세가 호전되었다고 보고하였다(Seligman, 1990). 이 연구결과의 시사점은 좀 더 행복해지기 위한 첫 단계가 당장 실천에 옮길 수 있을 만큼 간단하다는 사실이다.

최근 행복감 증진을 위한 방법으로서 감사(gratitude)의 효과에 관한 연구들이 활발하게 연구되고 있다(Algoe & Haidt, 2006; Bartlett & Desteno, 2006; Emmons, 2007; McCullough, Tsang & Emmons, 2004; Seligman et al., 2005). 행복감 증진을 위한 감사와 관련된 프로그램이나 연구결과를 살펴보면, 10주에 걸쳐 감사함을 느끼고 표현하는 프로그램을 통해 참가자들은 삶의 만족감과 낙관성이 증진되었고, 신체적인 건강까지 개선된 것으로 나타났다(Emmons & McCullough, 2004). 또한 Lyubomirsky(2007)는 6주 동안의 감사함을 기록하는 프로그램을 통해 행복감을 증진시킨 사례를 보고하였으며, 이 실험을 통해 '감사하는 활동'의 실천 방법에 따라 행복감에 영향을 줄 수 있다는 것을 제안했다.

Seligman et al.(2005)은 자신에게 의미 있는 사람에게 감사편지를 쓰는 실험을 통해 감사함을 표현한 경우에 가장 행복감이 향상되었다고 보고하였다. Dickerhoof et al.(2007)은 감사편지를 쓰기만 하고 보내지 않는 것도 행복감을 증진시키는 효과가 충분하다는 사실을 발견했다.

행복감 증진과 같은 긍정적 기분상태에 미치는 명상 프로그램의 효과를 입증한 연구들도 보고되고 있는데, 규칙적인 명상 수련 프로그램을 통해 행복감이 증진되고, 불안과 우울증 감소, 일반적인 기능화 수준이 향상된 것으로 나타났다(Fredrickson et al., 2007; Jain et al., 2007).

또한 행복감 증진 연구에서 효과적인 방법으로서 신체활동에 주목하는

행복감 증진을 위한 예술치료 해피 · 아트 · 테라피

다양한 연구들이 보고되었다. Blumenthal et al.(1999)은 장기간의 연구를 통해 신체활동과 행복과의 관계를 규명하였다. 임상적 우울증을 겪고 있는 50세 이상의 남녀를 모집하여 무작위로 세 집단으로 분리하여 첫 번째 집단은 유산소 운동을 시켰고, 둘째 집단은 4개월간 항우울제를 복용하게 하고, 세 번째 집단은 이 두 가지를 병행시킨 결과, 세 집단 모두 우울증이 완화되고 기능장애가 줄었으며 행복과 자존감이 증진되었다고 보고했다(Blumenthal et al., 1990). 또한 6개월 후 지속효과를 조사했을 때, 우울증으로부터 회복된 참가자들이 투약 집단에 있었던 사람들보다 재발가능성이 낮아짐으로써 약을 능가하는 운동의 효과를 입증하였다 (Babyak et al., 2000).

또한 대규모 참가자들을 대상으로 무작위로 실시한 운동 개입 연구에서 운동이 모든 활동 중에 행복증진에 가장 즉각적인 효과가 있음을 증명하였다(Biddle, 2000).

이 외에도 신체활동과 심리적 행복 간의 관계 규명에 관한 연구들이 다양하게 진행되고 있다. 활발한 신체활동은 긴장이완, 우울, 불안 및 스트레스 해소에 도움이 되고 자신감, 통제력 그리고 자아만족감 증진 등 다양한 측면의 심리적 행복감에 기여한다는 결과가 여러 학자들에 의해 입증되었다 (Berger & Owen, 1998; ISSP, 1992; Matisen, 1990; Netz et al., 2005).

이러한 신체활동 중에서도 댄스가 행복감 증진에 가장 효과적이라는 연구결과도 보고된 바 있다(이경아, 2006). 특히 그룹 댄스 활동은 운동, 음악, 공동체 활동, 타인과의 접촉과 규칙이 복합되어 있기 때문에 행복증진에 매우 효과적이라고 보고했다(이경아, 2006). 이 외에도 심리적 행복감 증진과 관련하여 무용 활동의 효과에 대해 입증한 연구들이 있다(김은영, 2007; 김은주, 2008).

집단상담 프로그램에서의 행복증진에 관한 연구들을 살펴보면 다음과 같다. 건강한 대학생을 대상으로 개발하고 효과성을 검증한 프로그램(김경순, 2006; 유상란, 1988; Smith et al., 1995)들과 노인을 대상으로 개발한 행복증진 집단상담 프로그램(신상수, 2008)이 있고, 여중생을 대상으로 행복증진 프로그램을 개발하여 행복의 지각 정도에 유의미한 결과를 보고하였다(김영애, 2007). 김상희(1992)는 감정의 솔직한 표현과 부정적 감정에 대한 비합리적 신념의 인식, 현실 생활에서의 적응을 다룬 상담의 원리를 바탕으로 행복 훈련이란 주제로 프로그램을 개발하였으나 행복 자체에 대한 효과성을 검증하지 않았다. 또한 국내의 행복증진 프로그램의 기초적인 바탕을 마련한 학자인 Fordyce(1983; 1985b)의 프로그램에서는 행복한 사람들의 특성을 연구한 다음 14가지 요소로 구성된 행복증진 프로그램을 개발하여 대학생과 성인에게 적용한 결과 338명의 학생 중 69%와 성인 226명 중 81%가 행복감이 증가하였다고 보고하였다. Smith et al.(1995)은 명상을 결합한 행복증진 프로그램을 개발하였고, 설기문(1989)은 중학생부터 일반 성인까지 대상의 범위를 제한하지 않은 조건에서 행복증진 프로그램을 개발하였고 그 효과성은 검증하지 않았다. 이 외에도 Fava 등(1999; Fava & Ruini, 2003)은 Riff(1989)의 다차원 모델을 바탕으로 인지행동 치료 프로그램인 웰빙테라피 프로그램을 개발하여 우울 잔여단계의 사람들에게 적용하여 긍정적인 효과를 보고하였다. 이러한 웰빙테라피의 치료 방법은 부정적인 생각을 논박하기보다는 긍정적인 웰빙 일화들을 생활에서 적극적으로 찾아보고 그에 따른 긍정적인 정서를 인식하는 데 초점을 두고 있다.

이러한 집단상담 프로그램 중에서 현실요법을 중심으로 한 행복증진 프로그램 연구도 보고되었다. 박숙경(2003)은 대학생을 대상으로 현실요법을 적용한 행복증진 집단상담 프로그램을 개발하여 그 효과를 검증하였고, Glasser의 현실요법 이론을 적용한 김영순(1997)은 안내 및 자기소개, 행복의 조건, 인간의 행·불행은 누구의 탓인가?, 지각수준 낮추기, 행복방법 찾기 등으로 성인을 대상으로 총 5회기의 프로그램을 개발하였다. Wobbolding(1990)은 행복에 대한 비결을 다섯 가지로 제시하였는데 보다 기분 좋게 느끼고, 보다 행복하고, 다른 사람들과 더 잘 어울리고, 효과적으로 욕구를 충족시키고, 자존감을 증진시키는 것이라고 소개하였다. 박숙경(2003)은 Wobbolding(1990)의 '자신을 행복하게 만드는 비결'을 적용하여 프로그램의 효과를 검증한 결과 자기존중감 향상과 행복의 자각에는 유의한 효과를 나타냈다. 김상아와 박웅섭(2007)은 시설아동을 대상으로 현실요법 집단프로그램을 개발하고 유의미한 효과가 있음을 보고하였다.

행복감 증진과 관련된 선행연구들을 종합해 보면, 행복에 대한 관심과 연구가 급증하고 있는 반면에 대부분 현재까지 연구된 내용들은 행복과 관련된 요인을 분석하고 관계성을 확인하는 연구가 대부분이거나 행복감을 증진시키는 실제적인 방법론을 제시하는 연구는 상대적으로 부족한 편이라는 것을 알 수 있었다. 또한 아직까지 행복감 증진에 대한 방법론을 연구하더라도 개발에만 그치는 경우가 많았고, 효과성까지 검증한 연구는 많지 않았다.

따라서 행복감 증진을 위한 실제적인 대안으로써 프로그램 개발과 효과를 규명하는 연구의 필요성이 제기된다.

● 3. 예술치료의 세계

1) 예술치료의 개념

예술은 인류의 역사 안에서 문화적, 사회적 성장, 발달과 더불어 인간의 삶과 밀접한 관계를 지니며 함께해 왔다.

초기 인류의 역사에서 예술은 매우 기능적이고 뚜렷한 실용적인 목적으로 사용되었다. 우리에게 익숙한 감상을 위한 예술의 전통은 겨우 몇백 년밖에 되지 않았으며, 사실상 예술의 역사적 기원은 유희, 노동, 주술에서 찾을 수 있다(진중권, 2003). 특히 고대 샤먼의 주술적 치료는 현대 예술치료의 기원으로 보고 있다(김진숙, 1993). 고대의 제례 의식에서 행한 무가와 춤 그리고 샤먼의 주거지였던 동굴 속 암각화, 무화 등 상징적인 그림들을 통해 예술의 초기 치유적 활용에 대한 흔적을 엿볼 수 있다(임윤선, 2006). 그리스 시대의 철학자인 Aristoteles는 카타르시스라는 개념을 통해 예술이 인간 삶에 미치는 심리적 정화기능을 제시한 바 있다(박이문, 2006). Aristoteles의 카타르시스이론은 현대의 심리치료 방법에도 여전히 적용되고 있다. 오늘날 정신 건강이나 재활, 의료적 목적으로 활용되고 있는 예술치료의 유래는 사실 예방과 회복을 위해 활용했던 고대로부터 이어져 온 것이다(McNiff, 1992).

예술치료가 전문적으로 학문화되기 전에 예술 분야에서 예술의 치료적 접근을 위해 시도한 사례를 찾아보면, 19세기 초 프랑스인 Sade가 정신질환을 위한 하나의 치료방법으로서 춤추기, 음악듣기, 오페라, 무용공연, 긴장완화를 위한 목욕하기 등을 내용으로 Maision de Sante de Charenton에서 정규적으로 공연을 한 사례가 있고, 19세기 말 Dr. Blanche의 Maision de Sante에서 외부의 여러 작가들과 환자들이 매주 정기문예토론을 진행하면서 예술의 치료적 접근을 모색했던 사례를 찾아볼 수 있다(임윤선, 2006). 이 외에도 의학과 인류학 서적들을 통해 예술의 초기 치유 양식에 대한 흔적들을 찾아볼 수 있다. 예를 들어 이집트 사람들이 예술활동을 통해 정신 병리가 있는 사람들의 치료를 촉진한 사례가 있다(Fleshman & Fryrear, 1981). 또한 그리스인들이 드라마와 음악을 활용하여 정신병의 회복 증진에 도움을 준 사례(Galdding, 1992)가 있으며, 성서에서 사울왕의 이야기 중에 심리적 안정감을 돕기 위해 음익을 활용한 것에 대한 묘사 등에서 예술의 초기 치유적 적용 사례들을 찾아볼 수 있다(Malchiodi, 2005).

현대에 이르러 본격적으로 예술의 치료적 기능이 활용된 시기는 1800년대 초기부터 1900년대 사이로 정신 의학의 출현과 합류하여 예술이 치료적 보조수단으로서 정신병을 앓고 있는 환자들을 대상으로 활용되기 시작했다(Malchiodi, 2005). 1940년대 이후부터는 음악치료, 무용치료, 미술치료, 연극치료 등 예술의 각 분야별로 아카데미와 함께 예술치료 전문 학회가 설립되었고, 이후 빠른 속도로 예술치료가 전문화되고 체계화되기 시작했다. 또한 1970년대에는 예술치료의 다양한 예술매체들을 상호 통합하는 관점으로서 통합적 예술치료가 연구되기 시작했고, 매사추세츠 주 캠브리지 Lesles 대학에 '표현예술치료' 학과가 개설되면서 예술치료는 하나의 독립 분야로 자리 잡게 되었다(임윤선, 2006).

Freud 학파를 비롯해 초기 심리치료 분야에서는 대부분 예술치료의 적용에 있어 심리치료를 돕기 위한 진단적 도구로서 사용하였다(Thal, 2003).

최근에도 이러한 진단이나 평가를 목적으로 정신병리 치료에서 예술치료가 다양하게 활용되고 있다. 그러나 예술치료의 활용과 목적이 진단과 평가를 위해서만 적용가능한 것은 아니라는 사실을 현대의 예술치료 분야에서 새롭게 제안하고 있다. 이미 Jung 학파에서는 예술을 진단의 도구로 사용하면서 동시에 전체성을 향한 접근의 시작으로서 바라보면서 예술의 치료적 활용에 대해 새로운 관점으로 연구하기 시작했다.

미국의 전국연합창조적예술치료협회(NCCATA)에서는 예술치료에 대해 다음과 같이 정의하면서 예술치료의 폭넓은 적용가능성과 지향을 제시하고 있다.

> 예술 양식과 창조적 과정이 건강과 소통, 표현을 증진하기 위해 치료, 재활, 사회 또는 교육 상황에 개입됨으로써 신체, 감정, 인지와 사회적 기능의 통합을 도모하고 자기 인식과 변화를 촉진시킨다(NCCATA website, Jones, 2005, 16).

이에 본 저자는 예술치료를 "인간의 내적 욕구를 창조적 과정으로 표현하는 다양한 예술매체의 치유적 원리를 통해 의료적 치료 및 예방 차원으로 적용함으로써 인간의 신체, 감정, 인지, 사회적 기능의 통합을 도모하고 전인적인 성장을 촉진한다."라고 정의하고자 한다.

2) 예술치료의 적용

치료(therapy)라는 말은 의학적으로 "아픈 것을 낫게 하는 것, 건강한 변화로 유도하는 것"이라고 정의되고 있는데, 본래의 어원인 치유(healing)

행복감 증진을 위한 예술치료 해피 · 아트 · 테라피

를 의미하는 그리스어로부터 파생된 것이다(임윤선, 2006). 예술치료에서의 '치료'라는 의미는 창작활동을 통하여 증상의 치유나 경감을 유도해주는 것, 전인격적인 개인이 되도록 도와주는 것, 정신 성장과정을 촉진하도록 도와주는 것, 보다 건전한 성격으로 전환하도록 도와주는 것, 남의 감정에 대한 이해심이 증진되도록 도와주는 것 등이 포함된다(김진숙, 1993 재인용).

기존의 예술치료의 연구동향을 살펴보면 예술치료의 학문적 정립 배경이 심리학과 의료적 환경 내에서 정립되었다는 이유로 대부분 정신병리를 지닌 대상이나 의료적 관점의 '치료'를 위한 목적으로 연구되는 경향이 많았다(김천오, 2007; 이경화, 2005; 임세라, 2006). 그러나 예술의 치료적 기원에서 보면 치료적 예술의 적용범위는 '치료'를 위한 수단뿐만 아니라 좀 더 광범위한 치료의 의미인 '예방과 회복'이라는 측면으로 보다 폭넓게 적용될 수 있다(McNiff, 1992).

특히 건강관리 면에서 예방적 접근은 문제해결을 위한 치료 이상으로 중요하다. 그 개념을 살펴보면 다음과 같다.

예방은 문제가 일어나기 전에 미리 개입함으로써 문제가 발생할 가능성을 감소시키거나 제거하기 위한 노력을 의미한다. 예방은 흔히 개입하고자 하는 대상의 특성과 개입의 시점에 따라 세 가지 수준으로 분류된다. 먼저 1차적 예방은 건강한 사람을 대상으로 그들이 신체적, 정서적 및 사회적 측면에서 건강을 유지하고 증진시킬 수 있도록 함으로써 문제를 사전에 예방하기 위한 활동을 의미한다. 2차적 예방은 잠재적으로 문제를 가지고 있는 사람들을 대상으로 문제를 가능한 한 조기에 발견하여 치료함으로써 문제가 악화되는 것을 방지하기 위한 노력을 말한다. 한편 3차적 예방은 이미 문제를 가진 것으로 밝혀진 사람들을 대상으로 이들의 문제가 악화되거나 재발하지 않도록 방지하기 위한 활동을 의미한다(정현희, 1997. 42).

이러한 예방적 측면에서 기존 예술치료의 적용을 살펴보면 대부분 2차나 3차적 접근의 예방적 차원으로 접근되는 경향이 많았다고 볼 수 있다. 최근에는 이러한 예방적 차원에서 1차적 측면의 입장으로 접근하는 국내 연구들이 점차 확산되기 시작했다.

1994년에 조직된 국제표현예술치료협회(International Expressive Arts Therapy Association)의 설립 목표를 보면 개인 및 사회 공동체의 성장과 발달에 춤, 드라마, 음악, 시각예술, 글쓰기의 통합예술 중요성을 인정하고 심리치료, 교육 그리고 사회 공동체 예술의 복합적 접근을 장려한다고 제시하면서(임용자, 2004) 예술치료의 적용을 단순히 병리적인 치료 영역에만 국한하지 않았다.

또한 예술치료의 목적에 대해 Rogers(1993)는 예술치료를 통해 정신적 문제 진단이나 평가를 위한 목적보다는 예술치료를 통해 정서적 치유를 촉진하고, 내적 갈등을 해소하며, 개인의 창조성을 일깨우는 데 목적을 둠으로써 인간을 전체적(holistic) 존재로서 바라보고 전인적인 성장을 도모하는 과정으로서 활용될 수 있다고 하였다.

예술과의 만남은 인간의 병든 마음을 한번 멈추어 순간에 머물도록 함으로써 정신건강을 되찾도록 하는 정신치료적인 요소를 지니고 있다(이후경, 2000). 회화, 조소활동, 동작활동, 음악활동 등과 같은 예술행위를 통하여 모든 인간은 자신의 일상생활을 다시금 의미 있고 흥미롭게 만들게 되는 경험을 할 수 있다(정정순, 정여주, 2004). 즉 모든 일에 현존하는 특정한 원칙들을 발견하는 것이다. 지루한 습관으로 연결되는, 심지어 단순한 의무감이라는 나락으로 떨어지는 일상행위에서 즐거움과 관심을 다시 생활 속으로 불러일으킴으로써, 생활을 예술적인 것으로 변화시키는

행복감 증진을 위한 예술치료 해피 · 아트 · 테라피

작업을 발견하는 것은 건강한 미래를 위해 또한 병리적 현상의 출현을 예방하는 데 기여할 수 있는 것이다.

이렇게 예술의 치료적 기능은 다양한 정신 병리적인 문제의 치료적 개입뿐만 아니라 개인이 건강과 성장, 나아가 건강한 사회를 만드는 데 예방적 차원까지 다양한 적용가능성을 지니고 있다.

이상의 내용을 종합해 보면, 예술의 치료적 적용에 대한 연구와 보급을 병리적인 환경에서 일상적 삶의 적용까지 확산하는 것은 곧 예술이 지닌 본질적 기능의 가치를 새롭게 발견하는 과정이 될 것이다. 또한 예술의 치료적 활용을 통해 병리적인 문제의 치료에 개입할 뿐만 아니라 예방 차원의 적용을 통하여 일반인의 건강관리 유지와 개인적 성장을 촉진하도록 활용하게 됨으로써 건강한 삶과 건강한 사회를 만드는 데 다양한 영역에서 예술치료의 적용이 기여할 수 있을 것이라 사료된다.

3) 예술치료에 관한 선행연구

예방적 차원에서 예술치료의 적용을 시도하는 국내 연구들이 점차 확산되고 있다. 신차선(2004)은 예술치료 프로그램을 통해 일반성인의 자기개념 향상에 유의미한 효과가 나타났다고 하였고, 김연희(2004)는 명상을 포함한 예술치료 프로그램으로 일반성인의 자아존중감 향상에 유의미한 효과가 있었음을 보고하였으며, 김미정(2004)은 예술치료를 통해 방과 후 교실의 일반 초등학생의 자기표현 향상에 유의미한 결과가 나타났다고 보고하였다. 오가영(2008)은 16회기 프로그램을 통해 장애아동과 일반아동의 또래관계, 적응행동 및 사회적 기술에 대해 연구한 결과 일반아동은 세 가지 사항 모두 유의미한 결과를 나타내었고, 장애아동의 경우에는 적응행동에 의미 있는 효과가 있었으나 사회적 기술의 향상은 일반아동에 비해 유의미하지 못한 것으로 보고하였다. 김정수(2007)는 여가복지시설 이용 노인을 대상으로 20회기의 프로그램 적용을 통해 생활만족도와 자아통합감에 긍정적인 효과가 있음을 밝혔고, 강효현(2006)은 결손가정 아동 10명을 대상으로 총 16회기의 프로그램을 통해 자기효능감의 하위요인인 자신감, 자기조절 효능감, 과제난이도선호에 모두 긍정적인 효과가 있었다고 보고하였다. 현지애(2007)는 전통놀이를 활용한 통합예술치료 프로그램을 통해 초등학생의 인성교육을 목적으로 교육활동과 치료적 요소의 통합적 시도와 예방적 차원으로서의 예술치료의 활용방안을 제시하였다. 또한 군복무 중인 청년들을 대상으로 통합예술치료 프로그램인 H.A.T. 프로그램을 적용하여 스트레스, 우울, 자살생각, 자아존중감, 군생활적응에 효과적인 것으로 보고된 바 있다(강혁준, 2007; 김종임, 윤혜선, 2007; 2008; 김종임, 윤혜선, 한선옥, 2008).

위와 같이 2000년도 이후에 진행된 국내 예술치료 관련 연구들을 살펴보면 정신 병리적인 대상뿐만 아니라 아동, 성인, 노인 등 예술치료의 적용대상 폭이 넓어지고, 연구 주제도 교육적 측면이나 사회성 향상, 자아존중감, 자아통합감, 심리정서적 지원, 생활만족도와 자기성장(민경림, 2000; 윤혜선, 2004; 오은영, 2005) 등 긍정적 측면의 향상과 예방적이고 촉진적인 방법으로 적용되면서 예술치료의 적용범위가 점차 확산되고 있음을 알 수 있다.

행복감 증진을 위한 예술치료 해피·아트·테라피

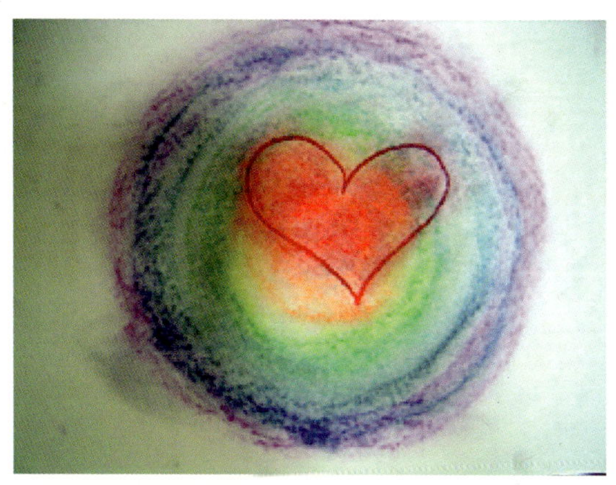

제2장 H.A.T. 프로그램의 실제

·
·
·

내 삶을 옆에서 지켜보는 내가 아닌 진정한 주인공으로 살기 위해
적극적으로 내 삶에서 늘 내가 원하는 나의 모습을 만들어 가고
스스로에게 응원해 줄 거예요.

(H.A.T. 참여자 소감 중에서)

본 장에서는 H.A.T. 프로그램의 개발 배경과 연구 절차, 프로그램 구성 및 예비실시의 방법과 결과에 대해 살펴보았다.

1. 프로그램 개발의 배경 및 절차

1) 프로그램 개발 배경

본 저자는 예술치료학 석사학위 소지자로서 현재 비영리 단체로 예술치유연구소를 운영하고 있고, 그동안 예술치료사 및 상담사로서 병원, 학교, 사회복지기관 등에서 병리적인 대상뿐만 아니라 일반인을 대상으로 10년간의 현장 지도 경력을 쌓아 왔다. 이러한 과정에서 지난 5년 동안 일반인들의 정신건강 관리를 위한 예방을 목적으로 일반 성인여성과 아동, 청소년, 노인, 가족 등 다양한 대상에게 H.A.T. 프로그램을 실시하였다. 이 시기 동안 프로그램의 질적 향상을 위해 상담관련 자격을 소지한 연구원 7명과 매주 회의 및 정신과 전문의 3인의 자문을 통해 지속적으로 수정 보완하였다.

H.A.T. 프로그램은 그동안 다양한 대상에게 실시되어 왔지만 특히 군 복무 중인 청년들을 대상으로 서울을 비롯하여 전국에서 현재까지 7천 회 이상 실시하였고, H.A.T. 프로그램을 통해 부대 내 자체사고 예방 및 부대 전체의 안정 효과에 크게 기여한 것으로 보고되었다(강혁준, 2009). 또한 스트레스, 우울 및 자살생각 감소와 자아 존중감과 군 생활적응 증진에 효과적이었다(강혁준, 2007; 김종임, 윤혜선, 2007; 2008; 김종임, 윤혜선, 한선옥, 2008).

이와 같이 일반인의 정신건강을 위한 목적으로 H.A.T. 프로그램을 적용하는 과정에서 본 저자는 H.A.T. 프로그램을 경험한 참가자들의 소감을 분석하면서 행복감 증진을 위한 방법으로서 H.A.T. 프로그램의 적용 가능성을 확신하게 되었다.

이에 본 연구에서는 행복감의 개념을 포괄적으로 연구하고 정의한 Riff(1989)의 다차원적 행복감(Psychological Well－Being: PWB) 모델을 프로그램의 기본 모형으로 하고, Fordyce(1977, 1983)의 행복증진 프로그램 모델을 참고하여 행복감 증진을 위한 H.A.T. 프로그램을 개발하게 되었다.

2) 연구 개발 절차

행복감 증진을 위한 H.A.T. 프로그램의 개발과 적용 및 그 효과를 검증하기 위하여 이 연구에서는 행복감 증진에 대한 선행연구에서 행복감의 개념 및 구성요소 탐색, H.A.T. 프로그램의 모형 및 프로그램 단계 구성, 프로그램 예비실시를 통한 프로그램 구성내용 평가 및 수정, 프로그램의 적용, 프로그램의 효과 검증의 순으로 진행하였다.

본 프로그램의 연구 개발 절차는 다음과 같다.

첫째, 행복감 증진에 관한 선행연구 중에서 Riff(1989)가 제시한 행복감의 개념을 선택하였고, 행복감의 구성요소에 대해 탐색하였다.

둘째, 본 연구에서는 Riff(1989)의 다차원 행복감 모델을 기본 모형으로 하고, Fordyce(1977, 1983)의 행복증진 프로그램 모델을 참고하여 본 프로그램의 단계와 세부목표를 구성하였다. 즉 긍정적 대인관계, 자아수용, 환경지배력, 자율성, 삶의 목적, 개인의 성장을 6단계의 의미영역으로 하였다.

프로그램의 단계구조는 6단계의 의미영역에 따라 다음과 같이 구분하였다.

① 친교를 통한 관계의 심리적 이해(긍정적 대인관계)
② 자아성찰 및 인식 을 통한 행복의 감수성 발견(자아수용)
③ 삶의 자유의지 체험 및 기쁨의 발견Ⅰ(환경지배력)
④ 삶의 자유의지 체험 및 기쁨의 발견Ⅱ(자율성)
⑤ 삶의 자유의지 체험 및 기쁨의 발견Ⅲ(삶의 목적)
⑥ 자아실현 및 행복지수 향상(개인적 성장)

Fordyce(1977, 1983)의 행복증진 프로그램 내용 중에서 본 프로그램의 단계구조로 적용한 Riff(1989)의 행복감의 6가지 요인으로 분류되는 내용을 선별하여 본 프로그램의 세부목표로 적용하였다. Fordyce(1983)는 300여 편의 행복에 관한 문헌연구를 통해 행복한 사람들의 특성을 정리하여 행복증진을 위한 14가지 요소로 '행복증진 프로그램'을 개발하였다. 그리고 Fordyce(1977, 1983)의 행복증진 프로그램을 바탕으로 하여 행복감 증진을 위한 프로그램이 연구되었다(설기문, 1990; 유상란, 1988; Smith et al., 1995).

Fordyce(1977, 1983)가 제시한 행복증진 프로그램의 내용은 다음과 같다.

① 보다 능동적이고 바쁘게 산다.

② 사회적인 교제를 갖는 데 보다 많은 시간을 보낸다.

③ 의미 있는 일에 몰두한다.

④ 조직적이고 계획적인 인생을 살아간다.

⑤ 걱정을 하지 않는다.

⑥ 지나치게 높은 기대를 하지 않는다.

⑦ 긍정적이고 낙천적인 사고방식을 갖는다.

⑧ 현재 중심적인 삶을 산다.

⑨ 건강한 성격을 갖는다.

⑩ 외향적이고 사회적인 성격을 발달시킨다.

⑪ 자기의 모습 그대로 살아간다.

⑫ 부정적인 감정과 문제를 제거한다.

⑬ 친밀한 인간관계를 갖는다.

⑭ 행복한 삶을 귀하게 여기고 추구한다.

본 프로그램의 단계별 구조의 세부목표 달성을 위하여 프로그램의 활동 내용 구성을 함에 있어 행복감 증진에 관한 선행연구들의 기법과 집단상담 기법, 예술치료 기법 등을 통합적으로 적용하였다. H.A.T. 프로그램의 개발을 위한 구성의 근거는 <표 2 − 1>과 같다.

<표 2-1> H.A.T. 프로그램 개발의 구성의 근거

단계	의미 영역	세부 목표	프로그램 주제 활동내용
1단계 친교를 통한 관계의 심리 적이해	긍정적 대인관계	• 신뢰로운 관계 형성 • 타인에 대한 따뜻한 관심 형성 • 친밀감, 공감 경험	- 신체인사댄스(Sakiyama & Koch, 2003; Schmais, 1985) - 애칭 짓기(박경순, 1999) - 파트너 인터뷰(이시형, 1995) - 조각상 만들기(Chaiklin, 1975) - 초상화 그리기(최선남, 전종국, 1997)
2단계 자아성찰 및 인식을 통한 행복의 감수 성 발견	자아수용	• 자신에 대한 긍정감 형성 • 조건 없이 자신을 수용함	- 소중한 나의 몸에 축복하기(McCann & McKenna, 1993) - 내가 보는 나, 남이 보는 나 (김정규, 2003; 심혜숙, 박정미, 2003; Moriarty, 1976)
3단계 삶의 자유의 지 체험 및 기쁨의발견Ⅰ	환경지배력	• 환경에 대한 통제력 향상 • 스트레스의 관리 능력 향상	- 신체의 힘 표출(김나영, 2001; Bartienff & Lewis, 1980) - 콜라주를 통한 스트레스 탈 활동(김종임 등, 2008; AmendtLyon, 2001; Kane, 1987)
4단계 삶의 자유의 지 체험 및 기쁨의 발견Ⅱ	자율성	• 독립성 강화 • 자기 주도적 선택의 힘 강화	- 인도해 주기(Chaiklin, 1975) - 추억의 전시회(권준범, 2003; Burton & King, 2004; Danner et al., 2001) - 나의 위치 돌아보기(Halprin, 2003)
단계	의미 영역	세부 목표	프로그램 주제 활동내용
5단계 삶의 자유의 지 체험 및 기쁨의 발견Ⅲ	삶의 목적	• 구체적인 삶의 목표 발견 • 삶에 대한 희망 및 긍정감 형성	- 신체화 그리기(최외선 등, 2006) - 소망의 나무(Oakland, 1997; Scheier & Carver, 1993; Tiger, 1979)
6단계 자아실현 및 행복지수 향상단계	개인적 성장	• 자신의 잠재력, 가능성 발견 • 자신의 성장에 대한 의지 형성 • 변화의 시도와 삶에 대한 개방성 향상	- 아름다운 나 꽃피우기(Scheldonet al., 2006) - 나는……다, 나에게 쓰는 편지(Burton & King, 2004; Pennebaker, 1997) - 감사와 축복(Emmons & Shelton; 2002; Lyubomirsky, 2007; Seligman et al., 2005)

셋째, 중년여성 11명을 대상으로 주 2회, 90분씩, 16회기에 걸쳐 예비
프로그램을 실시하였다.

넷째, 9인의 전문가 회의 및 평가에 의해 프로그램을 수정 보완하였고, 프로그램의 내용타당도를 검증하였다.

다섯째, 최종적으로 H.A.T. 프로그램을 구성하였다.

본 연구의 개발 절차를 간략하게 정리하면 <표 2-2>와 같다.

<표 2-2> 연구 개발 절차

1단계		2단계		3단계		4단계		5단계
행복감 증진 선행연구를 통해 행복감의 개념 및 구성요소 탐색	▶	프로그램 모형 및 단계 구성	▶	프로그램 예비실시	▶	프로그램 수정 및 보완	▶	최종 프로그램구성

2. H.A.T. 프로그램 구성의 준거

H.A.T. 프로그램은 신체, 동작 경험을 중심으로 무용/동작 치료, 음악치료, 미술치료, 문학치료 등 다양한 예술매체의 치유적 특성을 통합적으로 활용하는 통합예술 예방 및 치료 프로그램이다.

H.A.T. 프로그램과 같이 예술의 치유적 특성을 통합적으로 활용하는 통합예술치료는 진단하고 분석하는 의료적 '치료'를 위한 보조수단에 목적을 두는 것이 아니라 성장과 치유를 촉진하는 지지적 환경을 만들어내는 데 목적을 두고 연구되고 있다. 이러한 통합예술치료의 활용에 대해 미국과 유럽을 중심으로 '표현예술치료', '표현치료', '게슈탈트 예술치료' 등의 다양한 명칭으로 연구되고 있다(김진숙, 1993; 나해숙, 2006; Halprin,

행복감 증진을 위한 예술치료 해피 · 아트 · 테라피

2003; Jones, 2005; Knill, Levin & Levin, 2005; Malchiodi, 2005; Rogers, 1993).

통합예술치료는 통합학문적 접근의 사회과학 분야와 마찬가지로 무용, 음악, 미술, 문학 및 기타 영역의 예술분야들이 서로 상호작용하는 통합모형을 사용할 뿐만 아니라 예술과 심리학, 예술과 치료 및 교육의 벽을 허물고 이 모든 전공 분야를 실제 생활의 영역으로 끌어내려는 노력의 결과로 이루어졌다(임용자, 2004). 즉 통합예술치료가 추구하는 상호 통합의 학문적 특성은 여러 분야의 다양한 관점과 다양한 실천 방법들 중에서 어떤 특정한 관점을 지배적으로 강조하지 않으면서 이들 모두를 통합하는 능력을 필요로 하는 실천 분야라고 할 수 있다.

일반 언어를 통한 심리치료는 주로 정서장애와 부적절한 행동에 초점을 맞추지만 예술치료는 정서적 세계로 이끌 뿐만 아니라 보다 높은 차원을 제공하기도 한다. Rogers(1993)는 예술을 심리치료에 통합함으로써 내담자는 내면의 자유로운 부분을 활용할 수 있는 방법을 제공받게 되고, 예술을 통한 치유적 경험을 통해 자신의 문제를 넘어서 이 세상에서 건설적으로 행동할 수 있도록 시야를 넓혀 준다고 하였다.

또한 예술치료에서 다루어지는 다양한 예술활동의 목적은 멋진 그림을 창작하거나 세련되고 다듬어진 춤을 연마하거나 완벽한 시를 쓰는 것과 같이 예술적 기량함양이나 습득을 위함이 아니다. 이것은 여러 형태의 예술 표현을 통해 깊은 내적 정서로부터 올라오는 자신을 발견해 나가는 과정을 위한 목적으로 활용되는 것이다(Halprin, 2003; Jones, 2005; Knill, Levin & Levin, 2005; Malchiodi, 2005; Rogers, 1993).

이와 같이 본 연구의 H.A.T. 프로그램에서 사용하는 다양한 예술표현과 기법의 활용 목적은 기법 자체를 습득하거나 예술적 기량을 함양하기 위함이 아니다. 이는 다양한 예술매체를 이용한 창조적 표현 과정을 통하여 언어적으로 표현하기 힘든 내면의 감정과 문제들을 다양한 형태로 표현하고 돌보는 치유적 도구로써 활용하는 것이다.

본 연구에서는 심리학자 Riff(1989)가 제시한 6가지 요인, 즉 긍정적 대인관계, 자아수용, 환경지배력, 자율성, 삶의 목적, 개인적 성장을 종합하여 행복감의 정의로 제시하였다. 따라서 본 연구에서는 행복감을 증진하기 위한 H.A.T. 프로그램의 구성은 Riff가 제시한 6가지 요인에 대해 긍정적인 영향을 줄 수 있는 이론적 근거를 바탕으로 H.A.T. 프로그램의 단계별 주제 활동을 구성하였다. 행복감의 6가지 하위요인을 증진시키기 위한 H.A.T. 프로그램의 구성에 대한 이론적 근거는 다음과 같다.

1) 긍정적 대인관계

Riff(1989)는 행복감의 주요한 변인으로서 긍정적 대인관계의 중요성을 제시하였는데, 대인관계가 긍정적으로 형성되었다는 것은 타인과의 관계에서 따뜻하고 만족스럽고, 신뢰가 가는 관계를 느끼며, 타인의 행복(welfare)에 관심을 갖게 되고, 강한 애정, 친밀감 그리고 공감을 느낄 수 있는 것을 의미한다.

Glasser(1998)는 행복에 있어 친밀한 인간관계에 대한 중요성을 제시하였는데, 인간관계에서 효율적인 행동을 선택하고 타인의 욕구충족을 방해하지 않으면서 자신의 욕구를 충족하고, 자신의 행동에 책임을 질 때 사람들은 훨씬 더 행복감을 느낄 수 있다고 하였다. 특히 우리나라와 같은 동아시아 문화권에서는 대인관계에서의 조화를 아주 중요한 덕성으로 보고 있다(Moore, 1967; Rosenberger, 1992).

H.A.T. 프로그램의 매회 초기에는 참가자들 간의 긴장감을 이완하고 상호작용을 촉진하기 위해 주로 리드미컬한 움직임을 통한 상호작용과 돌봄의 의미를 전하는 접촉을 활용하는 무용/동작 치료 기법을 적용하였다.

리드미컬한 신체율동과 함께 상호 교류하면서 이루어지는 신체접촉은 문화나 성별, 연령을 초월하는 비언어적인 소통의 방법이 되며, 건강하고 긍정적인 상호작용을 일으킴으로써 그룹치료에서 친밀감이나 결속감을 느끼는 데 효과적인 것으로 알려져 있다(Hirai, 1996, Sakiyama & Koch, 2003; Schmais, 1985). 신체접촉은 친밀감 증진에 효과적으로 보고되고 있는데, 이재연(1992)은 신체접촉을 높여 친밀감이 증진되고 애정표현이 촉진되었다고 하였고, 구본권(2002)은 신체접촉을 통해 감정이 표현되고, 관계를 개선하는 역할을 하며, 또한 관심과 사랑의 표현으로 활용될 수 있는 인간관계의 가장 필수적인 조건이라고 제시하였다. 즉 H.A.T. 프로그램과 같이 관계 안에서 상호작용을 위해 활용되는 신체접촉은 친밀감을 증진시키는 데 효과적으로 활용될 수 있는 것이다. 이렇듯 H.A.T. 프로그램의 구성 초기 단계에 주로 활용하는 신체접촉인사 기법은 참가자들 간의 낯설고 어색한 상태나 긴장감을 빠른 시간 내에 이완할 뿐만 아니라 집단 내 결속력과 친밀감 형성에 적합한 방법으로 제안될 수 있다.

무용/동작 치료의 창시자인 Chace는 치료적 무용의 주된 기능을 소통으로 제시하였는데, 특히 그룹움직임에서 리듬은 사람들 간에 일치감을 느끼게 하고 감정을 전염시키는 중요한 치유적 요소라고 제안하였다(Chaiklin,

1975).

　사회심리학자인 Agail은 행복감과 긍정적인 관계형성을 위한 방법에 대해 조사한 결과, 사람들을 행복하게 만드는 것 중에는 운동이나 음악도 있지만 댄스가 가장 효과적이라고 발표하였다(Liz, 2005). 특히 그룹 댄스 활동은 운동, 음악, 공동체 활동, 타인과의 접촉과 규칙이 복합되어 있기 때문에 행복감 증진에 매우 효과적이라고 보고하였다(Liz, 2005). 즉 H.A.T. 프로그램과 같이 집단 안에서 상호 교류를 위한 방법으로서 경험하는 리드미컬한 율동과 댄스활동은 행복감과 대인관계에 긍정적인 영향을 미칠 수 있다는 것이다. 이와 같은 연구결과에 근거하여 H.A.T. 프로그램에서는 집단 안에서 신체활동을 통해 상호 교류와 친밀감 형성을 위한 목적으로 신체접촉의 기회를 갖도록 한다.

　이 밖에도 H.A.T. 프로그램과 같은 예술치료의 적용이 대인관계에 미치는 영향에 대한 연구들을 살펴보면, 나해숙(2006)은 우울증 환자를 대상으로 통합적 예술치료를 적용하여 의사소통, 개방성, 신뢰감, 친근감, 이해심과 같은 대인관계 능력에 긍정적인 효과를 나타내었다고 보고하였다. 조정미(2006)는 집단미술치료가 정신분열증 환자의 대인관계에 긍정적 효과를 미치는 것으로 보고하였다.

　또한 H.A.T. 프로그램과 같은 집단형태의 치료는 의식적인 사고와 행동에 초점을 두면서 허용적 관계, 현실에 대한 방향정립, 카타르시스, 상호 신뢰, 돌봄, 이해, 허용, 지지 등과 같은 치료기능을 포함하고 있는 역동적 인간관계의 과정이 된다(이시형, 1995). 또한 H.A.T.와 같은 집단치료에서는 상호작용과 역동성을 통해 변화를 추구한다. 집단치료 과정을 통해 많은 사람들은 고립감과 외로움이 감소하게 된다(Yalom, 1983). 즉

H.A.T.와 같은 집단형태의 치유적인 상호작용 과정을 통해 자기표출 행위에 있어서 집단 구성원들은 집단의 다른 구성원에 의하여 보상을 받을 뿐만 아니라 그렇게 강화된 행동은 집단 밖의 대인관계 속으로 통합되어 일상의 대인관계에서도 긍정적인 영향을 미칠 수 있는 것이다.

본 프로그램에서는 이러한 집단치료에서의 집단활동을 도와주며, 집단원 간의 좀 더 편안하고 자유로운 의사소통을 돕기 위한 주제 활동으로 '나의 파트너 인터뷰하기'라는 활동지를 사용하여 언어적으로 교류하는 기회를 제공하였고, 언어적 경험과 더불어 신체적으로 서로에 대한 긍정적인 느낌을 전할 수 있도록 신체표현으로 '조각상 만들기' 활동을 적용하였다. 이렇게 언어적인 표현과 신체적 표현을 함께 교류하는 것은 서로에 대한 공감과 지지감을 증진시키는 과정이 될 수 있다(Chaiklin, 1975). 또한 '얼굴 신체화 그리기'란 미술요법을 응용한 놀이형태의 활동으로 집단 참가자 간에 서로에 대한 관심을 불러일으키고 언어적으로는 표현하기 어색한 서로에 대한 느낌을 그림으로 표현하고 확장함으로써 서로에 대해 긍정적인 유대감을 느낄 수 있도록 구성하였다. 집단미술요법은 역동적으로 자기표현과 협동, 대인관계기술을 배양함으로써 대인관계의 변화에 긍정적인 영향을 미치고(최선남, 전종국, 1997), 자기표현과 의사소통능력을 향상시키고, 심리적 통찰과 지지를 촉진하는 데 효과적인 방법으로 입증되었다(이상윤, 1998; 주리애, 1999; Hogan, 2000).

따라서 집단활동으로 다양한 예술매체의 상호작용을 일으키는 소통의 도구로 활용하는 H.A.T. 프로그램은 긍정적인 대인관계형성에 효과적인 방법으로 활용될 수 있을 것으로 본다.

2) 자아수용

　자아수용이 잘되었다는 것은 자신의 좋은 점은 물론 나쁜 점을 포함하여 자신의 여러 측면을 인지하고 수용함과 동시에 과거의 삶에 대하여 긍정적으로 느끼는 상태이다(Riff, 1989). 즉 아무런 조건 없이 있는 그대로 자신의 모습을 인정하는 것을 의미한다.

　H.A.T. 프로그램에서는 '소중한 나의 몸에 말 걸기'라는 주제 활동을 통해 돌봄의 의미를 담은 신체접촉을 통해 신체 각 관절 부분에 감사함과 축복을 경험함으로써 자신의 신체를 소중하게 인식하고, 긍정적인 신체상 및 자아감을 갖는 데 목적을 두었다.

　H.A.T. 프로그램에서는 신체와 정신은 하나로 연결되어 있다는 심신 일원론적 관점과 몸과 마음은 서로 끊임없이 상호작용하는 것이라는 무용/동작 치료의 기본 원리(Chaiklin, 1975)를 프로그램 기법의 주요한 원리로 적용하였다. 이러한 맥락에서 본 프로그램의 주제 활동은 신체의 긍정적 지각과 표현을 통해 건강한 신체상을 형성하고, 나아가 건강한 신체상 형성을 통해 건강한 자아감을 형성하는 데 목적을 둔 것이다. 신체상과 긍정적 자아감에 대한 선행 연구를 살펴보면, 신체상은 자신의 정체성, 자존감, 자기 가치의 근원이 되고(박경애, 2002), 전체적인 자아구조 발전의 기본이 되며 성격 형성과 발달에 중요한 역할을 하므로 신체상에 변화를 일으키는 경험은 자아개념의 본질에 해당하는 가치관 및 신념에 영향을 미칠 수 있는 것으로 보고되고 있다(유일영 등, 1997).

　그리고 본 프로그램의 주제 활동에서는 신체상과 더불어 주요한 기법으로 돌봄을 위한 신체접촉과 신체에 긍정감을 전하기 위해 감사의 표현

행복감 증진을 위한 예술치료 해피 · 아트 · 테라피

을 사용하였다. 먼저 돌봄을 위한 신체접촉은 안위감을 제공하는 대표적인 표현행위로서(McCann & McKenna, 1993), 인간의 긍정적 정서를 고양시키고, 인간적 존중을 느끼게 하며 정서적 스트레스 완화와 정서적 안정감을 도모한다고 보고된 바 있다(장성옥, 1996; 김혜순, 1999). 하버드 대학에서 지난 40년간 실시한 아동 양육 실태를 새롭게 검토한 결과 많이 안아 준 아이들이 행복하게 자라는 것으로 나타났다(Liz, 2005). 또한 몸을 통해 직접적으로 감사를 표현하고 느끼는 과정은 자기의 가치와 자존감을 강화시키는 것으로 알려져 있다(Lyubomirsky, 2007). 그리고 본 프로그램의 '소중한 나의 몸에 말 걸기'와 유사한 방법으로 구성된 신체에 감사하기 명상 프로그램을 동해 사아존중삼과 수관적 안녕감에 긍정적인 효과를 입증하였다(양진희, 2008).

H.A.T. 프로그램에서는 자아수용을 위한 활동으로써 '내가 보는 나, 남이 보는 나'라는 주제로 타악기를 이용하여 리듬의 표현과 콜라주 작업을 구성하였다.

자아는 주관적인 나(I)와 객관적인 나(Me)의 분화로 인식될 수 있는데, '주관적인 나'는 내가 실제로 경험하고 인식하는 주관적인 나, 즉 매순간 내가 의식하는 내 자신에 대한 생각이나 감정이며, '객관적인 나'는 나의 외모, 행동, 제스처, 옷차림, 감정표현, 언어 등을 통해 타인들이 보고 듣고 측정할 수 있는 객관적인 나로 구분될 수 있다. 따라서 자아는 자기와 타인을 구별하고 타인이 자기를 어떻게 보느냐를 인식하는 과정에서 진정한 자아의 모습을 발견할 수 있다고 보는 것이다(김정규, 2003).

본 활동에서는 타악기의 리듬표현과 콜라주 작업을 통하여 주관적인 나와 객관적인 나를 파악해 봄으로써 자신에 대한 의식의 폭을 확장하고 수용할 수 있도록 하였다. 먼저 타악기를 통해 리듬을 발견하고 표현하는 것은 음악치료의 기법으로서 음악적인 표현활동은 언어적이거나 시각적인 의사소통이 불가능할 때 해결의 실마리를 제공할 수 있다(하준성, 2002), 이러한 음악적인 표현을 통해 인간은 자기 스스로에게 좀 더 가까이 다가갈 수 있는 상황을 형성하게 도와주며, 참자기와 자신의 가능성과 잠재력과도 접촉하도록 이끌어 준다(Benenzon, 1983). 이와 같이 음악의 요소를 활용한 창조적 표현활동은 긍정적인 자아개념에 효과적인 것으로 보고된 바 있다(심혜숙, 박정미, 2003).

또한 콜라주 작업은 자신의 이미지를 표현하는 비언어적 커뮤니케이션으로서, 언어적 이미지와 시각적 이미지를 창출하는 것을 가능하게 한다(Wadeson, 1980). Moriarty(1976)는 콜라주 작업으로 대상자들의 자율성, 자기표현, 대인관계, 현실검증 및 신체상의 증진 등을 보고하였다. 이러한 미술치료법과 같이 매체를 이용한 표현활동은 자기노출에 대한 두려움과 직접적인 대인관계에서 오는 불안감을 감소시키는 장점을 가지고 있다. 심상과 밀접한 관련이 있는 것이 방어인데 예술치료의 표현활동은 비언어적 수단으로서 통제를 적게 받는다(Wadeson, 1980). 즉 언어보다도 의식적인 조작이 어렵고 자아검열을 덜 받기 때문에 무의식적 내용이나 갈등을 파악하는 데 좀 더 용이하게 활용될 수 있는 것이다. 또한 H.A.T. 프로그램과 같은 집단치료 구조에서 미술을 접목시키는 것은 개인적 체험과 치료자와 참가자, 참가자와 참가자 간에 상호 교류를 통해서 자기통찰을 할 수 있도록 돕는다(정길수, 1999). 즉 미술이라는 시각적 매체를 통해서 자신의 정신적 이미지를 시각화함으로써 자신의 정신세계를 좀 더 정확하게 파악할 수 있는 것이다. Rogers(1993)는 이러한 동작, 미술,

글쓰기, 음악 등을 통한 표현활동은 확장된 탐색을 위한 단서를 제공해 주기 때문에 내담자의 자기 인식이 확대된다고 하였다.

H.A.T. 프로그램과 같이 지지적인 집단 분위기 안에서 자신의 고유한 리듬, 미술매체, 신체적 활동 등으로 다양하게 표현하는 것은 감정의 표현을 확장시킬 뿐만 아니라 감정과 느낌을 보다 명확하게 해 주는 과정으로서 자기 인식을 명료화하고 긍정적인 자아감을 형성하는 과정으로 체험될 수 있다(Schmais, 1985). 또한 다양한 표현활동 안에서 자신의 모습을 자연스럽게 표현하고 발견하는 과정은 정서적 치유를 촉진하고, 내적 갈등을 해소하며, 개인의 창조성을 일깨우는 과정이 되며 더불어 자신의 내적인 힘을 확장시켜 나가는 기회를 제공한다(Rogers, 1993).

인간의 정서 상태는 추상적이고 복잡하기 때문에 언어나 논리적인 방식으로 표현하고 이해하는 데 어려운 면이 있다.

때문에 다양한 예술매체를 통해 상징적이고 비언어적인 방식으로 내면의 느낌을 다양하게 탐색하고 표현할 수 있는 H.A.T. 프로그램은 참가자에게 다양한 자기 탐구의 기회를 제공함으로써 자신을 있는 그대로 이해하고 수용하는 데 효과적인 방법으로 활용될 수 있다고 본다.

3) 환경지배력

환경지배력은 자신의 삶을 효율적으로 통제하며 살아가는 것을 의미하는 것으로서 개인의 환경지배력이 잘 발휘될 때에는 자신의 환경을 잘 관리한다고 느끼고, 복잡한 외적인 활동 계획을 잘 조절하며, 개인적 필요나 가치에 적합한 환경을 선택하거나 적합한 환경으로 변화시킬 수 있는 상태이다(Riff, 1989).

H.A.T. 프로그램의 주제 활동에서는 환경지배력의 증진을 위해 Laban의 동작분석이론인 에포트 이론을 적용하였다. 인간 마음의 내적 정도(stage)의 암시로서 움직임을 연구한 Laban은 내적인 마음의 표출이 움직임으로 표출되는 것을 에포트 요소(effort elements)에 의한 관찰과 분석으로 제시하였다(Bartieniff & Lewis, 1980). 에포트는 공간(space), 무게(weight), 시간(time), 흐름(flow) 4가지 요소로 구분되는데, 각각의 요소는 내적인 특질, 즉 공간은 집중, 무게는 의지, 시간은 결심, 흐름은 진행과 같이 움직임의 특질에 따른 내적인 상태를 관찰하고 분석할 수 있다.

이에 본 주제 활동에서는 에포트의 하위요소 중 무게(weight)의 요소가 작용하는 내적인 기능의 원리를 적용하였다. 움직임에서 무게(weight), 즉 힘을 활용하는 것은 내적인 기능인 '의지', 즉 통제력을 활용하는 것을 의미한다. 따라서 본 주제 활동의 목적인 환경지배력의 증진을 위해 움직임의 경험 안에서 힘을 표출하고 조절하는 과정을 통해 통제력을 발휘하고 증진시킬 수 있는 기회를 제공하도록 하였다.

김나영(2001)은 에포트의 요소를 활용한 무용요법에서 힘의 인식과 조절의 경험을 통해 내적 의지, 즉 통제력이 향상되었음을 보고하였다.

H.A.T. 프로그램에서 '스트레스여 안녕~'이란 활동에서는 스트레스 탈을 만드는 작업을 통해 자신의 스트레스에 대한 내·외적인 느낌을 시각화하고, 동작활동으로 스트레스에 대한 다양한 느낌을 확장하여 신체적으로 느끼고 표현하도록 제시하였다.

스트레스 탈과 같은 시각적 매체를 이용함으로써 내면에 간직된 자신의 감정을 자연스럽게 드러내는 것을 돕고, 언어로서 부딪히는 감정의 위기를 완화시킬 수 있으며, 카타르시스 효과를 주고, 감정교류의 조정적인 역할을 할 수 있도록 돕는다(Kane, 1987). 이와 같은 상징적인 표현활동은 개인적인 사건이나 대상, 사물을 시각화함으로써 미해결과제와 더불어 자신의 욕구와 감정을 더욱 쉽게 알아차릴 수 있다. 이러한 알아차림의 과정은 작품으로 표현하고 이와 동일시하고, 검증하고 통제할 수 있는 기회를 제공한다(Amendt‒Lyon, 2001). 이와 같은 주제와 방법으로 군인들의 군대 적응력 향상을 위해 적용된 H.A.T. 프로그램은 스트레스 완화에 유의미한 효과를 나타낸 바 있다(김종임, 윤혜선, 한선옥, 2008).

따라서 신체활동 안에서 힘의 조절감각을 익혀서 통제력을 발휘하고, 스트레스를 건강하게 표현하고 다룰 수 있는 긍정적인 경험의 기회를 제공하는 H.A.T. 프로그램은 환경지배력에 효과적인 방법으로 활용될 수 있을 것으로 본다.

4) 자율성

자율성이란 인간이 스스로 자신이 인식하고 있는 목적을 향하여 의도적으로 행동하기 위한 심리적 준비를 말하는 것으로서 달성하고자 하는 목적을 위한 행동이나 심리적인 상태의 수준 또는 질로 표현된다. 자율성이 잘 발휘될 때 개인은 결단력이 있고 독립적이며 사회적 또는 환경적 규율보다는 자신의 행동을 내적 동기에 의해 조절하고 개인적 기준에 의해서 자신을 평가할 수 있는 것으로 나타난다(Riff, 1989).

H.A.T. 프로그램에서는 움직임을 통한 자기표현의 과정을 중요한 방법으로 적용하고 있다. 움직임을 통한 자기표현의 과정은 현재 직면하고 있는 다양한 문제나 걱정을 객관화시켜 분리될 수 있도록 만들어 주며, 신체적인 긴장을 완화시키고, 감정적, 신체적인 충동을 자유롭게 표현할 수 있게 해 줌으로써 삶에 대한 적극적인 태도를 발휘할 수 있는 에너지를 제공해 준다(Chaiklin, 1975). 무용치료의 창시자인 Chace는 움직임의 표현 과정 안에서 수동적으로 조용히 있던 사람들이 움직임의 상호작용을 통해 능동적이고 창조적인 형태로 자신을 표현하게 되는 것을 종종 흥미롭게 발견하였다고 했다(Chaiklin, 1975). 또한 Schmais(1985)는 그룹 안에서 리듬에 맞춰 움직이는 것은 개인과 그룹에게 활력을 제공해 주며, 표현력, 의사소통능력 그리고 경쟁력을 신장시켜 주는 신체적, 정신적 힘을 길러 주게 된다고 보고했다. 즉 지지적인 집단의 구조에서 리드미컬한 신체의 움직임을 표현의 주된 양식으로서 활용하는 H.A.T. 프로그램은 개인의 잠재된 신체적, 정신적 에너지를 발휘하게 함으로써 삶의 활력과 적극적인 태도에 긍정적인 영향을 미칠 수 있는 것이다.

H.A.T. 프로그램 중에 '내 생의 아름다운 순간'이란 주제 활동에서는 과거에 행복한 추억과 사건을 미술매체를 이용하여 '추억의 색'이라는 상징적인 표현을 통해 느낌을 확장하도록 하였다. 또한 자신의 표현에 대하여 참가자들 간에 긍정적인 지지를 교류함으로써 삶에서 잊힌 경험들을 긍정적 경험으로 재발견하는 과정 안에서 행복의 기준이 자신 안에 있다는 것을 느끼게 하는 데 목적을 두고 적용하였다. 이렇게 긍정적인 사건에 대해서 발견하고 표현하는 것은 수명을 연장시키고(Danner et al., 2001), 건강을 증진시키는 것으로 그 효과가 입증되었다(King, 2001). 또한

행복감 증진을 위한 예술치료 해피 · 아트 · 테라피

H.A.T. 프로그램과 같이 적극적으로 긍정적 경험을 떠올리고 표현하는 과정을 경험하는 것은 긍정적 기분을 고양시키는 것뿐만 아니라 이로 인해 삶에 대한 태도에 적극성을 띠고 효율적으로 의사결정을 할 수 있는 능력이 향상됨을 기대할 수 있다고 보고하였다(Burton & King, 2004).

그리고 자율성 증진을 위한 H.A.T. 프로그램의 '나는 지금 어디에?'라는 활동에서는 삶을 과거, 현재, 미래의 다양한 시점에서 신체적 경험을 통해 바라보고, 현재의 소중함을 재발견하는 데 목적을 두고 구성하였다.

움직임과 감정적 표현은 동일한 신경경로를 가지고 있다(Chaiklin, 1975).

즉 움직임의 표현을 통해 감정의 느낌을 선택할 수 있고 특정한 기억이나 감정의 느낌을 유발할 수 있다는 것이다. 이러한 원리를 적용하여 본 프로그램에서는 과거와 미래에 대한 추상적인 느낌을 움직임을 통해 구체적인 느낌의 과정으로 표현함으로써 과거의 미해결된 감정이나 미래에 대한 불안감을 안전하고 긍정적인 느낌으로 전환하도록 하였다. 신체적 활동의 경험을 통해 삶의 다양한 자극을 인식하는 과정은 감정과 생각을 구체화하고, 명료화할 수 있다. 또한 이러한 과정은 갈등이나 분노, 공격성과 같은 파괴적인 내적 에너지와 충동을 창조적인 과정으로 표현하게 함으로써 실제 삶에 대한 부정적인 태도와 체험을 긍정적으로 전환할 수 있는 기회를 제공한다(Halprin, 2003). 그리고 H.A.T. 프로그램과 같이 다양한 예술매체를 통해 경험되는 창조적 과정의 경험은 자신과 어떠한 일에 대한 긍정적인 태도를 가지게 하는 데 도움을 주고 욕구가 충족되며 문제들을 해결해 나가는 데 새로운 방법을 개발할 수 있게 한다(권준범, 2003). 이러한 치유적 요소를 지닌 창조적 과정과 긍정감을 일깨우는 방법을 적용하고 있는 H.A.T. 프로그램은 창조적이고 적극적으로

삶을 바라보고 선택할 수 있는 경험의 기회를 제공함으로써 자율성 증진
에 효과적인 방법으로 활용될 수 있을 것으로 본다.

5) 삶의 목적

삶의 목적이 잘 형성된 상태는 과거와 현재의 삶이 의미가 있다고 느
끼고, 생활의 목표와 삶의 목적에 대한 방향 감각을 지닌 상태로 왜 사는
지에 대한 해답을 제공하는 신념을 갖고 있는 것이다(Riff, 1989).

H.A.T. 프로그램에서는 삶의 목적 형성을 위해 '내가 바라는 나'와 '소
망의 나무'라는 주제 활동으로 구성하였다.

삶의 목적을 위한 주제 활동에서는 움직임의 명상을 통해 떠올린 행복
한 자신의 이미지를 발견하기 위하여 신체 본뜨기(body tracing)와 나무의
이미지를 활용하여 미술매체를 이용한 꾸미기 작업과 동작표현을 통해
자신의 미래의 삶에서 원하는 행복한 모습에 대한 개인적인 느낌을 구체
적으로 발견하도록 하였다. 본 활동의 신체 본뜨기는 2인 1조로 신체를
본떠 주고, 각자 자신이 원하는 미래의 모습을 그리거나 꾸민 후, 자신의
작품에 대한 주제와 작품을 만들면서 느낀 점들을 함께 나누고 그 느낌
을 동작표현으로 확장하여 표현하도록 하였다. 신체 본뜨기는 자신의 신
체상을 표현하여 자신에 대해 더 깊은 자각을 하도록 하는 것이며, 서로
본을 떠 주는 것은 집단 내에서 서로의 관계를 돈독하게 하는 효과적인
방법이다(최외선 등, 2006).

본 프로그램에서는 그리기나 꾸미기, 동작표현 등의 상징적인 표현활동

을 통해 막연하고 불분명한 미래에 대한 개인의 소망을 구체적인 표현과 느낌으로 확장시키고, 더불어 그룹 구성원들의 지지와 격려의 과정을 경험함으로써 미래에 자신이 원하는 삶의 모습을 긍정적이고 희망적인 느낌으로 바라보고 준비하도록 하였다.

예술치료에서 치유적 요소로 활용되는 상징은 개인적인 선입관들로부터 심리적인 거리를 둘 수 있게 한다(Shmais, 1985). 일단 추상적인 느낌이나 생각들도 이러한 상징적인 표현 양식을 통해 구조적으로 표현된다면, 어떠한 아이디어나 감정은 이해되고 분석되거나, 다른 상징적 소재와 연관될 수 있다. 상징은 오랜 문제들에 불을 비춰 주며, 현재의 관심사들을 표현해 주고, 미래를 예상할 수 있게 해 준다. 즉 H.A.T. 프로그램에서 경험하는 상징적인 표현들은 막연하거나 부정적인 선입관으로 갖고 있었던 삶에 대한 느낌이나 태도를 재조정할 수 있는 기회를 제공하게 되는 것이다.

이와 같이 H.A.T. 프로그램은 어떠한 상황에 대해서든 긍정적인 방향으로 감정을 이끌 수 있도록 구성원들 간의 상호작용이나 과제 제시를 통해 일상의 긍정감을 훈련할 수 있는 방법을 제시하고 있다. 이와 같이 낙관주의를 배양하는 것은 현재와 과거를 축하하는 것뿐 아니라 밝은 미래를 기대하는 방법도 포함되며, 이러한 과정은 삶의 행복감을 높이는 데 긍정적인 효과를 나타낸다(Scheier & Carver, 1993; Tiger, 1979).

예술치료에서는 단지 창조적인 표현의 생산물에 초점을 두는 것이 아니라, 그것이 이루어지는 과정에 더 초점을 둔다(Amendt-Lyon, 2001). 즉 H.A.T. 프로그램에서 활동의 결과로 미술 작품이나 퍼포먼스 등 작품의 형태로 결과물이 나오더라도 초점은 작품의 완성도에 대한 평가보다는 작품을 만들어 가는 과정 자체에 의미를 두는 것이다.

H.A.T. 프로그램은 여러 가지 예술적인 기법들을 통합적으로 활용함으로써 더욱 자유롭게 미해결 과제를 알아차리고 표현할 수 있고, 또한 이러한 창작물은 자신의 내면을 투사한다. 즉 창작물을 통해 드러난 이야기는 자신의 욕구, 소망, 감정을 나타내고, 이러한 것을 상징적인 매체로 투사하는 행위는 그 자체로서 치료적인 과정으로 경험된다(Oakland, 1997).

이러한 H.A.T. 프로그램 활동은 상징적인 표현과 긍정감을 일깨우는 방법으로 막연하게 느낄 수 있는 미래에 대한 목적이나 소망을 구체적으로 느끼고 표현할 수 있는 경험의 기회를 제공함으로써 삶의 목적 형성에 효과적인 방법으로 활용될 수 있을 것으로 본다.

6) 개인적 성장

개인적 성장에서 성숙이란 어느 한 시기에 국한된 것이 아니라 연속적인 발달을 통해 논의되어야 하며, 적응과 변화를 포함한 그 이상의 총체적이고 포괄적인 의미라고 하였다(김인자, 1993). Riff(1989)는 개인적 성장이 이루어질 때 자신이 계속 발전되어 감을 느끼고, 새로운 경험에 대하여 개방적이며, 자신의 잠재력을 실현시키려고 하고, 또한 시간이 지남에 따라 자신과 자신의 행동이 향상됨을 느끼고, 자기 자신을 보다 잘 이해하고 활용하는 방향으로 변화되어 간다고 제시했다.

H.A.T. 프로그램에서는 개인적 성장을 위해 자아실현 및 행복지수 향상 단계로 목적을 설정하고, '아름다운 나 꽃피우기', '나는……다', '나에게 쓰는 편지', '행복을 나누어요'라는 주제 활동으로 구성하였다. 개인적 성

행복감 증진을 위한 예술치료 해피 · 아트 · 테라피

장을 위해 H.A.T. 프로그램에서는 참가자 자신에 대한 성찰을 돕기 위한 방법으로써 매 회기 주제 활동을 이끌 때 심상을 이끌어 내는 상상기법을 주로 적용하였다. 김정규(2000)는 상상기법에 대해 내적 욕구나 충동 혹은 갈등을 투사적으로 드러낼 수 있고, 현실적으로 실현불가능한 것들을 상상의 느낌으로 체험함으로써 삶을 새로운 변화로 이끌 수 있게 한다고 하였다. 본 프로그램의 활동에서는 리더가 주제와 관련된 이미지를 제시하는 방법으로 상상기법을 적용하였다. 이 과정은 참가자들이 심상으로 자기 성장과 관련된 주제에 대해 미리 느끼고, 집중해 봄으로써 자신의 성장에 대한 행동의 동기를 자각하여 표현의 범위를 확장하는 방법이다.

'아름다운 나 꽃피우기' 활동은 자신의 내면에 꽃피우고 싶은 긍정적인 면들을 발견하고, 꾸미기 작업을 통해 자신을 최고의 모습으로 표현함으로써 잠재된 자신의 역량을 새롭게 재발견하는 데 목적이 있다.

자신의 최고 모습을 발견하고 표현하는 것은 삶에 대한 긍정감과 행복감을 증진하는 데 매우 효과적인 것으로 보고된 바 있다(Sheldon & Lyubom－irsky, 2006). 이영이(2001)는 이와 같은 상징적이고 창조적인 방법을 통해 표현하는 것은 창의적인 존재로서의 인간에게 본질적인 속성을 발휘할 수 있게 하고, 자기를 실현할 수 있는 하나의 길이 될 수 있다고 하였다.

그리고 '나는……다'와 '나에게 쓰는 편지' 활동에서는 창의적 글쓰기 기법을 중심으로 재발견한 자신의 모습을 표현하고, 자신의 인생 전반을 감사하고 축복하는 입장으로 바라봄으로써 자신의 삶에 대한 긍정감을 강화하는 데 목적을 두었다. 그리고 마지막 주제 활동인 '행복을 나누어요'에서는 H.A.T. 프로그램에 참여했던 참가자들의 모습을 동영상으로 감상하고, 그동안의 참여 소감을 최종적으로 나누도록 구성하였다. 이 과정에서는 H.A.T. 프로그램에서 경험했던 행복한 모습의 자신과 서로의 모습을 재발견하고, 본 프로그램에서 경험했던 행복한 순간들의 경험을 삶에 통합시킬 수 있도록 함께 축복하고 행복감을 나누도록 하였다.

개인적 성장을 위한 단계에서 적용한 글쓰기 작업은 자신에 대한 이야기를 꾸밈없이 긍정적인 경험뿐 아니라 부정적인 경험까지 털어놓고 이야기하는 것으로서 이러한 과정은 몸과 마음의 안녕상태를 유지하는 데 긍정적인 영향을 미치는 것으로 입증된 바 있다(Burton & King, 2004; Pennebaker, 1997).

또한 본 프로그램의 활동에서처럼 감사를 표현하는 것은 자기의 가치와 자존감을 강화시키고, 자신이 얼마나 많은 것을 이루었는지 깨닫게 될 뿐만 아니라 자신감이 커지고 스스로 유능하다고 느끼게 된다고 보고된 바 있다(Lyubomirsky, 2007). 대부분의 사람들이 삶 안에서 자신의 실패와 실망감, 또는 다른 사람들이 자기를 무시하고 상처를 준 것에 더 집착하는 경향이 있기 때문에 본 프로그램을 통해 자신의 고유한 역량을 재발견함으로써 자신의 삶을 소중하게 여길 수 있는 기회를 제공한다.

본 프로그램과 같은 치유적인 표현예술 활동은 참가자로 하여금 정서적 세계로 이끌 뿐만 아니라 의식의 보다 높은 차원의 경험을 제공하기도 한다(Rogers, 1993). 그리고 다양한 치유적 예술활동은 개인적 성장을 도모하고, 일상생활을 흥미롭게 만들 수 있다(정정순, 정여주, 2004). 즉 이러한 치유적 예술활동의 경험은 참가자로 하여금 내면의 자유로운 부분을 활용할 수 있는 방법을 갖게 하고, 나아가 자신의 문제를 넘어서 일상의 삶 안에서 건설적으로 행동할 수 있도록 시야를 넓힐 수 있게 하는 것이다.

위의 내용을 종합해 보면, 행복감 증진을 위해 구성된 H.A.T. 프로그램은 개인적 성장에 효과적인 방법으로 활용될 수 있을 것으로 사료된다.

행복감 증진을 위한 예술치료 해피·아트·테라피

3. H.A.T. 프로그램의 구성

1) 프로그램 운영과 지도자의 역할

(1) 프로그램 운영의 특성

행복감 증진을 위한 H.A.T. 프로그램은 다양한 예술의 치유적 특성을 통합적으로 적용한 프로그램으로서 H.A.T. 프로그램의 특성은 다음과 같다.

첫째, H.A.T. 프로그램은 집단상담 또는 집단 심리치료의 형식을 적용하였다. 이러한 집단상담의 형태는 의식적인 사고와 행동에 초점을 두면서 허용적 관계, 현실에 대한 방향 정립, 카타르시스, 상호 신뢰, 돌봄, 이해, 허용, 지지 등과 같은 치료기능을 포함하고 있는 역동적 인간관계의 과정을 촉진할 수 있다(이상윤, 1998; 이시형, 1995; Hogan, 2000). 본 프로그램에서는 이러한 집단 구성원들의 복합적이고 역동적인 상호작용 과정에서 발생되는 집단 심리치료의 구조에 다양한 예술매체의 치유적 특성을 통합적으로 적용하여 집단 내 치유의 역동성을 높이고자 했다. 또한 이러한 구조를 통해 예술이라는 상징적인 표현방법으로 자기표출 행위의 과정을 경험하고 나눔으로써 참가자들은 다른 구성원에 의하여 보상을 받고, 그렇게 강화된 행동은 집단 밖의 대인관계와 삶 속에서 통합될 수 있도록 하였다.

둘째, 본 프로그램은 예술이라는 창조적인 매체를 주요한 방법으로 다루는 데 있어서 예술적 기량의 습득을 위한 예술교육을 목적으로 하는 것이 아니라 내면의 감정이나 욕구, 생각 등의 표현을 위한 도구로 사용하는 것이다. 이와 더불어 행복감 증진을 위한 교육 및 인지적 작업을 위한 목적과 창조적인 표현과 감정경험의 공간을 확보하는 절충적 입장을 고려하여 '반구조화된 프로그램' 형식으로 구성하였다.

셋째, 본 프로그램의 경험이 일상생활로 통합되는 것을 촉진하기 위하여 이 프로그램에서 경험한 활동과 관련한 과제를 주 1회씩 제시하고, 매 회 전반부 10분 정도는 경험나누기 시간으로 할애하였다. 또한 과제 내용을 회기 중에 다루어 참가자들의 구체적이고 생생한 경험을 프로그램 주제나 내용으로 적용함으로써 참가자들의 참여의지를 높이고, 삶에서 실천할 수 있도록 동기 부여하는 과정이 되게 하였다.

넷째, 단계적으로 구성한 각 회기의 주제를 구체적으로 전달하는 데 주 안점을 두고, 참가자들의 경험이 적극적으로 나누어질 수 있도록 활동 후에 나눔의 시간을 항상 5분~10분 정도 할애하였다.

(2) 프로그램 지도자의 역할

프로그램 운영 시 지도자는 우선적으로 본 프로그램의 목적과 전반적인 내용을 숙지하고, 대상의 특성을 고려하여 프로그램 운영 지침에 따라 각 회기를 운영하였다. 본 프로그램은 집단상담의 형식을 바탕으로 하기 때문에 본 프로그램의 지도자는 경험나누기 및 활동시간에 제시되는 구체적 상황을 적극적으로 수용, 공감하면서 참가자의 치유 과정을 돕는 촉진자와 상담자로서의 역할을 하였다. 또한 프로그램의 목적이 교육적인 방향이 아니라 치유적인 경험이 되도록 하기 위해 지도자는 프로그램을 실시할 때 참가자들이 적극적이고 주도적으로 참여하고 존중받을 수 있도록 활동 내용을 질문의 형태로 제시하였고, 수용적이고 지지하는 분위기를 조성하는 데 주력하였다.

본 프로그램의 지도는 상담관련 자격을 소지한 보조 지도자 3인과 함께 연구자가 책임 지도자로서 매 회기 지도하였다. 본 프로그램에서는 예술이라는 창조적 매체를 표현수단으로 사용하기 때문에 참가자들의 창의적 표현을 이끌어 내기 위해서는 지도자가 예술적 기량을 갖추기보다는 예술적이고 창의적인 표현을 촉진할 수 있는 높은 감수성을 가지기 위한 노력과 훈련이 필요하였다. 또한 예술을 통한 치유적 경험을 돕는 조력자의 역할을 하기 위해 지도자는 참가자들을 진심으로 존중하고 배려하는 마음으로 임하였고, 교육적인 정보 전달이 아닌 참가자가 주도적으로 체험할 수 있는 집단상담 형태의 역동을 이끌어 내기 위해서 상담사로서의 경력과 능력을 최대한 발휘하도록 노력했다.

2) 프로그램의 회기별 구조

H.A.T. 프로그램의 매 회기별 구조는 워밍업→주제 활동→센터링→나눔 4단계로 구성하였다. H.A.T. 프로그램은 신체와 동작 경험을 중심으로 다양한 예술매체를 통합적으로 적용하고 있기 때문에 신체와 움직임을 치유적으로 활용하는 무용/동작 치료에서의 Berger(2002)의 구조적 원리를 H.A.T. 프로그램 회기 구조의 기본 바탕으로 적용하였다. 또한 집단상담이론에서의 집단역동과 상호작용의 치유적 특성(이상윤, 1998; 이시형, 1995; 정길수, 1999; Hogan, 2000; Schmais, 1985)을 회기 구조단계마다

지도자의 개입을 통해 적용하였으며, 긍정심리학에서 소개한 감사와 축복의 치유적 특성(Algoe & Haidt, 2006; Bartlett & Desteno, 2006; Emmons, 2007; McCullough, Tsang & Emmons, 2004; Seligman et al., 2005)을 나눔의 과정단계에 적용하였다. 이와 같은 행복감 증진을 목적으로 하는 H.A.T. 프로그램의 구조적 특성을 여러 가지 이론과 연구자의 실무 경험을 통합적으로 적용하여 회기단계의 구조로 구성하였다.

또한 H.A.T. 프로그램의 회기단계 구조에서는 단계의 순서는 적용하였으나 단계별 활동의 시간적 배분은 구조화하지 않았다. 이는 H.A.T. 프로그램이 행복감 증진을 위한 교육 및 인지적 작업을 위한 목적과 창조적인 표현과 감정경험의 공간을 확보하는 절충적 입장을 고려하기 위해 '반구조화된 프로그램' 형식으로 진행함으로써 프로그램 활동에 대한 참가자의 반응을 관찰하여 지도자의 판단으로 회기 내 단계별 시간을 조정하여 진행하는 구조로 구성하였다.

H.A.T. 프로그램의 회기 구조에서 첫 번째 단계는 워밍업 단계인데 이 단계에서는 신체의 이완을 통해 마음을 이완하고 돌봄으로써 주제 활동의 적극적인 참여를 위해 마음을 여는 준비단계이다. 또한 프로그램의 지도자와 참가자, 참가자와 참가자, 참가자와 공간 등의 긴장감을 완화하고 참가자들 간의 친밀감 및 신뢰감을 형성하는 것을 목적으로 하는 단계이다. 워밍업 단계에서 지도자는 정신적, 신체적 긴장을 이완하고 참가자들 간의 친밀감을 증진하기 위해 환경적 안정성과 참가자들의 특성을 고려하였다.

따라서 워밍업 단계의 활동 내용은 상호 교류를 촉진하면서 더불어 정신적, 신체적으로 이완을 도울 수 있는 다양한 기법을 지도자가 창의적으로 상황에 맞게 응용하여 적용하였다. 워밍업 단계에서의 신체 이완활동

행복감 증진을 위한 예술치료 해피·아트·테라피

은 신체뿐만 아니라 심리적 이완을 돕고, 공간과 다른 구성원과의 관계 맺기를 돕는다(Berger, 2002). 워밍업 단계에서의 활동은 호흡조절, 근육 긴장의 이완을 돕는 스트레칭, 돌봄 접촉(caring touch), 참가자들 간에 상호작용을 돕는 집단상담 기법 및 다양한 예술매체의 즉흥표현기법 등을 적용하였다. 특히, H.A.T. 프로그램의 워밍업 활동에서 돌봄 접촉을 적용한 활동은 심리적 안위감을 제공하는 표현(McCann & McKenna, 1993)으로서 스트레스를 완화하고 정서적 안정감을 도모(김혜순, 1999; 장성옥, 1996)하여 워밍업 단계의 주요한 기법으로 적용한다.

두 번째 단계는 주제 활동단계로서 무의식적 감정의 심리적 정화 과정인 카타르시스의 경험을 목적으로 하며, 신체의 감각을 중심으로 다양한 예술매체의 창조적 표현활동을 통해 신체적, 심리적 감수성을 긍정적으로 일깨우는 과정이다. 심리치료적 접근에서는 감정을 적극적으로 접촉하는 것이 중요한데, 감정에 접촉하고 이를 행동으로 통합하는 진정한 경험(authentic experience)을 하기 위해서는 '살아 있는 신체(lived body)'를 통해서 이루어진다(Rahilly, 1993). Gendlin(1969)는 '살아 있는 신체'란 정신과 연결되어 있는 신체를 뜻하며, 신체자각을 통한 감정자각, 행동, 접촉에 이르는 일련의 과정이 이루어질 때 일치된 체험이 가능하다는 의미로 해석될 수 있다. 이렇게 신체활동을 통한 상징적인 표현의 과정은 과거에 대한 상처나 아쉬움이나 또는 미래에 대한 막연한 두려움과 걱정에 대해 직접적으로 표현하지 않으면서 사회적으로 허용되는 방법으로 표현할 수 있는 기회를 제공한다(Halprin, 2003). 예술을 치료적인 표현방법으로 활용하는 과정에서 마음과 몸과 정서를 치료에 포함시키면 논리적이고 선형적인 사고는 물론 직관과 상상력도 불러낼 수 있다. 정서 상태는 그다지 논리적이지 않으므로 상징적이고 비언어적인 방식이 참가자에게 자기 탐구와 의사소통을 위한 대안이 된다. 이러한 과정이 강력한 통합의 원동력이 된다(Rogers, 1993).

세 번째 단계는 센터링 단계로서 신체인식을 통한 명상의 과정으로 카타르시스 과정에서 경험한 다양한 감정과 느낌을 신체의 감각을 통하여 자각하는 것을 목적으로 하였다. 센터링 단계는 프로그램의 활동을 통해 감정적으로 경험한 느낌을 신체적으로 자각하는 과정으로서 신체의 느낌에 집중하는 명상작업이나 주제 활동을 통해 경험한 느낌에 집중하는 방법으로 진행하였다. 이와 같은 신체감각은 다음의 세 가지 역할을 통해 치유적 과정을 촉진한다. 첫째, 감정을 구체화하고, 둘째, 습득 능력을 촉진하며, 셋째, 과거 경험의 회복을 촉진한다(Polster, 1970). 즉 센터링 단계는 신체자각을 통하여 자신의 욕구와 감정을 구체적으로 느끼고 이해함으로써 이를 삶으로 건강하게 통합하도록 돕는 과정이다. 따라서 H.A.T. 프로그램의 센터링 과정은 치유적인 경험을 제공하는 핵심적인 단계로서 참가자 스스로의 자각을 통해 경험한 감정을 보다 긍정적인 마음으로 전환하도록 하는 내적인 힘을 발휘할 수 있는 기회를 제공하도록 하였다.

네 번째 단계는 나눔의 단계로서 언어적인 나눔을 통해 프로그램의 활동 경험을 인지적으로 통합하고, 구성원들의 지지와 격려를 통해 감사와 축복을 나눔으로써 행복의 감수성을 확장하고 삶으로 통합하도록 촉진하는 것을 목적으로 하였다. 특히, 나눔의 단계에서는 프로그램의 마지막 단계로서 감사와 축복의 치유적 특성을 구조적으로 적용함으로써 일상의 행복감을 증진하는 방법으로 적용하였다. Emmons와 Shelton(2002)은 '감

행복감 증진을 위한 예술치료 해피 · 아트 · 테라피

사'에 대해 "삶을 향해 일어나는 경이, 고마움, 이해의 느낌"이라고 정의하였다. Lyubomirsky(2007)는 감사와 축복이 삶의 행복감 증진에 미치는 긍정적인 효과에 대해 다양한 연구를 종합한 결과, 감사는 삶의 긍정적인 경험들을 더욱 음미할 수 있고, 자기의 가치와 자존감이 강화되며, 스트레스나 정신적 외상을 대처하는 데 도움이 된다고 하였다. 그리고 도덕적인 행동을 촉진하며, 사회적인 유대를 쌓고 기존의 관계를 강화하여 새로운 관계를 맺는 데 도움이 되고, 다른 사람과의 비교를 억제하는 등과 같은 감사의 다양한 효과를 보고하였다. Lyubomirsky(2007)는 감사함을 느끼고 표현하는 감정 상태에서는 부정적인 감정과 공존하기가 어렵다고 하였다. 따라서 H.A.T. 프로그램의 나눔 단계를 통해 참가자들은 감사의 표현을 습득함으로써 삶에 대해 긍정적으로 느끼는 힘을 강화시키는 과정이 된다. 이 과정을 통해 삶에서 주어진 좋은 것들을 당연하게 여기지 않게 함으로써 삶의 소중함을 재발견하고 삶의 만족감과 행복감을 증진하는 촉진적인 과정이 되도록 하였다.

나눔 단계에서의 활동은 이러한 감사와 축복의 원리를 적용한 것으로서 H.A.T. 프로그램의 활동을 통해 감정적으로 경험한 느낌과 프로그램의 주제에 관련된 좋은 글이나 시 노래 등을 활용하여 인지적으로 통합하도록 하였다. 또한 감사함을 표현하는 방법으로서 언어적 표현과 함께 천이나 타악기와 같은 다양한 매체를 이용하여 참가자 자신과 참가 구성원들 간에 서로에 대한 감사와 더불어 각자에게 주어진 환경과 삶에 대해 감사함을 느끼고 축복하는 경험을 제공하였다. 나눔의 단계에서는 본 프로그램의 활동을 통해 발견한 삶의 긍정적인 경험을 현실의 삶에서 실천할 수 있도록 돕는 심리적 지지와 축복의 과정으로 진행하였다.

H.A.T. 프로그램의 매 회기별 4단계 구성의 의미를 간략하게 나타내면 <표 2-3>과 같이 깨어남-기쁨-평화 3단계로 구분할 수 있다.

〈표 2-3〉 H.A.T. 프로그램의 회기별 구조

	구성 단계	목적 및 내용
깨어남	1. 워밍업 (Warming-Up)	목적 - 신체의 긴장 이완활동을 통해 마음의 긴장 이완 - 안정감의 경험을 통해 다른 구성원 및 공간과의 관계 맺기 내용 - 다양한 신체 이완활동과 상호 교류활동을 통해 호흡, 근육 긴장, 관계 안에서의 긴장 등을 이완시킬 수 있도록 표현함
기쁨	2. 주제 활동 (Theme Activity)	목적 - 무의식적 감정의 심리적 정화과정인 카타르시스의 경험 내용 - 신체의 감각을 중심으로 다양한 예술매체의 창조적 표현활동을 통해 신체적, 심리적 감수성을 긍정적으로 일깨울 수 있는 과정
평화	3. 센터링 (Centering)	목적 - 신체인식을 통한 자각의 과정을 통해 주제 활동과정에서 경험된 감각의 느낌을 '나'의 관점에서 현실의 상황을 수용함 내용 - 신체지각을 통한 명상활동이나 감정적으로 경험한 느낌을 글로 적거나 느낌을 발견하는 과정
	4. 나눔 (Sharing)	목적 - 활동에 대한 경험과정을 언어적인 나눔을 통해 인지적으로 통합하고, 감사와 축복의 표현을 통해 행복의 감수성을 확장하고 삶으로 통합하도록 촉진함 내용 - 좋은 글이나 시, 노래 등 언어적인 표현을 통해 감정의 느낌을 인지적으로 명료화하고 삶에서 적용하도록 동기 부여함 - 자신과 삶에 대해 감사함을 표현하는 긍정적인 언어적 나눔과 더불어 다양한 상징적 방법으로 축복하는 마음을 전하는 표현활동

행복감 증진을 위한 예술치료 해피·아트·테라피

3) H.A.T. 프로그램 모형

본 연구의 목적인 행복감 증진을 위한 H.A.T. 프로그램을 타당하게 구성하기 위하여 이 연구에서는 프로그램의 구성요소, 하위 영역, 프로그램의 총체적인 목적과 세부목표 및 위계체제를 명료하게 나타낼 수 있도록 모형을 개발하였다.

첫째, H.A.T. 프로그램은 Riff(1989)의 행복감에 대한 다차원 모델을 프로그램의 기초로, Fordyce(1977, 1983)의 행복증진 프로그램 모델을 참고하여 본 프로그램의 단계 구조 및 세부목표의 내용을 구성하였다.

둘째, H.A.T. 프로그램 모형을 구체적으로 살펴보면, Riff(1989)의 다차원 이론을 모델로 하여 행복감의 6가지 요인, 즉 긍정적 대인관계, 자아수용, 환경지배력, 자율성, 삶의 목적, 개인의 성장을 바탕으로 6단계의 목적을 설정하였다.

셋째, H.A.T. 프로그램의 단계별 구성은 다음과 같다.

① 친교를 통한 관계의 심리적 이해(긍정적 대인관계)

② 자아성찰 및 인식을 통한 행복의 감수성 발견(자아수용)

③ 삶의 자유의지 체험 및 기쁨의 발견Ⅰ(환경지배력)

④ 삶의 자유의지 체험 및 기쁨의 발견Ⅱ(자율성)

⑤ 삶의 자유의지 체험 및 기쁨의 발견Ⅲ(삶의 목적)

⑥ 자아실현 및 행복지수 향상(개인적 성장)

넷째, Fordyce(1977, 1983)가 제시한 행복증진 프로그램의 14가지 내용을 본 프로그램의 세부 목표 구성에 적용하였다.

행복감 증진을 위한 H.A.T. 프로그램의 모형 및 모형에 따른 세부목표
는 <표 2 - 4>와 같다.

〈표 2 - 4〉 행복감 증진을 위한 H.A.T. 프로그램 모형

단계	의미 영역	목표
1단계 친교를 통한 관계의 심리적 이해	긍정적 대인관계	• 신뢰로운 관계 형성 • 타인에 대한 따뜻한 관심 형성 • 친밀감, 공감 경험
▼		
2단계 자아성찰 및 인식을 통한 행복의 감수성 발견	자아수용	• 자신에 대한 긍정감 형성 • 조건 없이 자신을 수용함
▼		
3단계 삶의 자유의지 체험 및 기쁨의 발견 I	환경 지배력	• 환경에 대한 통제력 향상 • 스트레스의 관리 능력 향상
▼		
4단계 삶의 자유의지 체험 및 기쁨의 발견 II	자율성	• 독립성 강화 • 자기 주도적 선택의 힘 강화
▼		
5단계 삶의 자유의지 체험 및 기쁨의 발견 III	삶의 목적	• 구체적인 삶의 목표 발견 • 삶에 대한 희망 및 긍정감 형성
▼		
6단계 자아실현 및 행복지수 향상단계	개인적 성장	• 자신의 잠재력, 가능성 발견 • 자신의 성장에 대한 의지 형성 • 변화의 시도와 삶에 대한 개방성 향상

4) 프로그램의 내용 구성

H.A.T. 프로그램은 6단계로 구성하였고, 총 16회기에 걸쳐 진행하고 각 회기는 90분 동안 실시하도록 하였다. 그리고 회기마다 워밍업, 주제활동, 센터링, 나눔의 순서로 구성하였다.

〈표 2-5〉 프로그램의 내용 구성

단계 및 영역	회기	주제	목표	활동 내용의 적용
친교를 통한 관계의 심리적 이해 (긍정적 대인관계)	1	첫 만남, 반가운 나와 너	• 신뢰로운 관계 형성 • 타인에 대한 따뜻한 관심 형성 • 친밀감, 공감 경험	별칭 짓기로 참가자들 간에 자기소개, 신체인사, 접촉활동을 통한 소통과 친밀감의 경험
	2	나와 너의 특별한 인터뷰		파트너 인터뷰와 나눔의 과정을 통해 집단 참가자들에 대해 공감하고 친밀감을 느낄 수 있는 기회를 가짐
	3	나와 너의 행복한 비행		참가자 간에 자신의 모습을 얼굴 신체화를 통해 완성해 주고 지지해 줌으로써 친밀감을 경험
자아성찰 및 인식을 통한 행복의 감수성 발견 (자아수용)	4	소중한 나의 몸에 말 걸기	• 자신에 대한 긍정감 형성 • 조건 없이 자신을 수용함	상대방을 존중하는 마음, 배려하는 마음이 실린 신체접촉을 통해 자신의 신체를 소중하게 인식하고 돌봄으로써 긍정적인 신체상과 자아감을 형성
	5	내가 보는 나, 남이 보는 나		내가 보는 나와 남이 보는 나의 모습을 객관적이고 구체적으로 성찰하고 인식하는 경험을 통해 있는 그대로의 나를 바라보고 수용하는 경험
삶의 자유의지 체험 및 기쁨의 발견 I (환경지배력)	6	나는 할 수 있어!	• 환경에 대한 통제력 향상 • 스트레스 관리 능력 향상	다양한 도구와 신체 표현활동을 통해 자신의 힘을 건강하게 표출하고 내면의 힘을 재발견
	7	스트레스여, 안녕~		중년기 여성으로서 겪을 수 있는 스트레스를 다양한 관점으로 표현하고 바라봄으로써 내면의 부정적인 충동을 상징적인 표현방법으로 표출하고, 스트레스를 건강하게 돌봄
삶의 자유의지 체험 및 기쁨의 발견 II	8	내어 주기와 안아주기	• 독립성 강화 • 자기 주도적 선택의 힘 강화	내어 맡김과 수용이라는 주제를 신체활동을 통해 상징적으로 경험함으로써 삶의 다양한 자극에 대한 자신의 반응과 선택 패턴을 탐색하고, 일상에서 자신감을 갖고 적극적으로 살아갈 수 있도록 촉진함

(자율성)	9	내 생의 아름다운 순간: 추억의 전시 나눔회		행복한 추억을 떠올리고 기쁜 나눔의 과정을 통해 중년기에 경험할 수 있는 삶에 대한 부정적인 태도를 통찰하도록 하여 삶에 대한 긍정적인 태도로 전환할 수 있도록 함
	10	나는 지금 어디에?		과거의 삶에서 돌보지 못한 아픔과 상처를 돌보고, 행복한 미래의 모습을 미리 경험함으로써 각자 자신의 삶에서 주인공으로서 현재의 삶을 소중하게 바라보고 적극적으로 맞이할 수 있도록 격려함
삶의 자유의지 체험 및 기쁨의 발견Ⅲ (삶의 목적)	11	내가 바라는 '나'	• 구체적인 삶의 목표 발견 • 삶에 대한 희망 및 긍정감 형성	앞으로의 삶에서 내가 바라는 행복한 나의 모습을 찾고, 희망찬 미래의 모습을 현재에서 느끼는 과정을 통해 삶의 목적과 희망 발견
	12	소망의 나무		막연하게 느낄 수 있는 삶의 소망들을 다양한 표현을 통해 구체화하고 지지함으로써 삶에서 실천할 수 있도록 격려함
자아실현 및 행복지수 향상 단계 (개인의 성장)	13	아름다운 '나' 꽃피우기		자신의 내면에 꽃피우고 싶은 긍정적인 면을 지지받는 분위기 안에서 재발견하고 기쁜 과정으로 표현함으로써 삶에 대한 자신감을 향상
	14	나는……다	• 자신의 잠재력, 가능성 발견 • 자신의 성장에 대한 의지 형성 • 변화의 시도와 삶에 대한 개방성 향상	'나'에 대한 내면의 긍정적인 느낌들을 다양한 상징적 표현을 통해 확장함으로써 참가자 각자의 고유한 내적인 아름다움들을 재발견하도록 함
	15	나에게 쓰는 편지		'나에게 편지 쓰기'라는 주제로 세상에서 가장 소중한 자신에게 감사함과 희망의 메시지를 전하고 참가자들로부터 축복받음으로써 삶의 과정에서 성장하고 있는 자신을 재발견하도록 함
	16	행복을 나누어요		그동안 프로그램에 참여했던 참가자들의 활동 모습을 감상하고, 참가자들이 서로를 위해 축복하고 응원하는 과정을 통해 본 프로그램의 경험이 일상의 삶으로 통합될 수 있도록 함

■ 별첨: H.A.T. 프로그램의 회기별 세부 진행 방법

⟨1회기⟩ 첫 만남, 반가운 나와 너

목표	프로그램 소개 및 참가자 인사
기대효과	• 프로그램에 대한 기대감과 흥미를 갖는다. • 프로그램 참여구성원들과 지도자에게 신뢰감을 갖는다.
활동 개요	① 워밍업 　– 오리엔테이션 　– 설문지 작성 　– 서약서 작성 ② 주제 활동 　– 신체인사댄스 　– 애칭 짓기 ③ 센터링 ④ 나눔
준비물	① **명찰, 종이, 사인펜:** 활동을 통한 감정적 느낌을 언어적으로 표현하도록 한다. ② **음악:** 워밍업과 주제 활동단계에서 4/4 박자의 경쾌한 음악을 배경으로 사용한다. ③ **꽃:** 꽃이라는 매체가 여성 참가자들에게는 어색한 첫 시간의 긴장감과 자기소개라는 표현의 어려움을 경감시킬 수 있도록 적용하고 마이크 대용으로 사용한다. ④ **마다카스:** 마다카스는 타악기로서 지도자가 진행 시 신체활동에 어색해하는 참가자들의 긴장감을 해소하기 위해 리듬적으로 흥을 돋우기 위해 사용한다.
구성단계	**진행 절차 및 내용**
1. 워밍업	□ H.A.T. 프로그램의 목적 및 필요성 소개 지도자 진행 예시 *안녕하세요?* *어떤 기대감을 갖고 여기에 오셨어요? 중년여성에게 이러한 프로그램이 왜 필요할까요?* *우리의 생애주기에서 중년기는 가장 행복지수가 낮은 시기입니다.* *특히 중년여성은 갱년기와 같은 신체적, 정신적으로 큰 변화를 경험하는 위기의 시기입니다.*

2. 주제활동	□ 신체인사 댄스 언어적인 인사뿐만 아니라 신체 각 부분(예: 눈빛, 손뼉, 발, 엉덩이 등)의 접촉과 이미지를 활용한 다양한 느낌의 이동하기(예: 잘난 척하며 걷기, 스케이트 타듯 이동하기, 아이가 신났을 때 뛰어놀 듯 이동하기 등)를 통해 참가자들이 인사를 나누어 어색한 첫 만남의 심리적, 신체적 긴장감을 해소하도록 한다. 지도자 진행 예시 *천천히 산책하듯 걸어 보세요.* *걷다가 마주치는 분이 계시면 눈으로 '안녕하세요?'라고 반가운 마음으로 인사를 나눠 주세요.* *(손가락, 발, 엉덩이, 등, 하이파이브 등 다양한 신체 각 부분으로 모든 참가자들이 골고루 인사를 나눌 수 있도록 유도)* *가슴을 활짝 펴고 도도한 표정으로 인사를 나눠 보세요. 빙판에서 스케이트 타듯 해 보세요.* *(강사는 다양한 성격의 이미지를 부여해 줌으로써 참가자들이 즐거운 마음으로 서로서로를 만나고 표현할 수 있도록 이끈다. 참가자들은 신체인사 후에 나눔을 갖는다.)* □ 애칭 짓기 각자 받은 명찰의 뒷면에 참가자들이 나를 상징하거나 기분 좋은 이미지나 단어를 선택하여 애칭을 짓고 소개하도록 한다. 상호간의 신뢰감과 안정감을 형성한다.
3. 센터링	신체인사와 애칭 만들기 과정을 통해 경험한 느낌과 이 프로그램에 대한 기대감을 참가자들 간에 지지적인 분위기 안에서 자신의 느낌을 나눈다. 지도자 진행 예시 *지금부터 어떤 분들이 오셨는지, 한 분씩 자기소개와 애칭 소개를 하도록 하겠습니다. 더불어 이 프로그램에 대한 기대감도 함께 나누어 주셨으면 합니다. 꽃을 마이크 삼아 소개해 주세요.*
4. 나눔	강사는 참가자들이 처음 만나 어색하지만 함께하면서 느낀 좋은 느낌을 발견하고 나누도록 한다. 또한 강사와 새로운 환경, 처음 경험하는 프로그램에 대해 신뢰감을 느끼고 앞으로 준비된 시간에 대한 설렘과 기대감으로 참여할 수 있도록 동기 부여하고, 참가자들과 감사한 마음을 함께 나눈다.
주의사항	* 참여자들이 표현과정에 대해 어색해하는 경우 첫 만남에서 참가자들이 신체활동이나 언어적으로 자신을 '표현'하거나 타인과의 교류를 시도하기가 어려운 점을 감안하여 지도자는 최대한 참가자들이 어색해하고 힘들 수 있음을 공감해 주고 지지적인 분위기를 형성하도록 한다.

1회기는 프로그램의 소개로 시작하여 참가자들이 별칭으로 자기소개하기와 프로그램에 대한 기대감, 두려워하는 것 등을 공개하게 함으로써 긴

행복감 증진을 위한 예술치료 해피·아트·테라피

장감을 이완하고 참가자들의 개인적 목표 설정을 돕고자 하였다. 첫 회기에서 자신의 역할이 묻어 있는 기존의 이름 대신 별칭으로 자신을 소개하는 것은 좀 더 깊이 있는 신뢰관계를 형성하는 데 도움이 될 수 있다.

첫 만남에서 참가자들이 자신을 '표현'하거나 타인과의 교류를 시도하기가 어려운 점에 대해 참가자들에게 공감해 주고 신체 각 부분의 접촉과 이미지로 함께 상호작용하여 표현하는 신체인사 댄스를 통해 참가자들이 긴장을 이완하고 프로그램과 구성원들과 즐겁게 교감함으로써 지지적인 분위기를 형성하도록 하였다. 프로그램의 적극적인 참여를 위해 서약서의 다짐을 함께 외치며 회기를 마쳤다.

제2장 H.A.T. 프로그램의 실제

⟨2회기⟩ 나와 너의 특별한 인터뷰

목표	파트너 인터뷰하고 소개하기를 통한 친밀감 형성
기대효과	• 구성원들에게 자기 개방의 기회를 제공한다. • 관계 안에서 신뢰와 존중을 경험한다. • 프로그램 참여구성원들 간에 지지와 격려를 경험한다.
활동 개요	① 워밍업 　- 케어링 터치 ② 주제 활동 　- 파트너 인터뷰 & 소개하기 ③ 센터링 　- 파트너 조각상 만들어 주기 ④ 나눔 　- 시 나눔: 이런 하루였으면 좋겠습니다. 　- 과제 제시 나눔: 가까운 사람들에게 반가운 인사 전하기
준비물	① **음악**: 워밍업 단계에서 4/4 박자의 경쾌한 음악을 사용하고 주제 활동과 센터링 단계에서는 가사가 없는 편안한 멜로디 음악을 배경으로 사용한다. ② **파트너 인터뷰하기 활동지, 사인펜**: 파트너를 인터뷰하며 느낀 감정을 지지적인 언어로 표현하고 전달하도록 한다.
구성단계	**진행 절차 및 내용**
1. 워밍업	□ 케어링 터치 참가자 간의 어색함을 줄일 수 있도록 서로가 부담스럽지 않은 선에서의 신체접촉을 통해 심신을 이완하고 파트너와의 친밀감을 형성한다. 중년기 심신의 피로감을 고려해 참가자들을 충분히 지지, 격려한다. 지도자 진행 예시 *앞에 있는 내 파트너를 이 세상에서 가장 소중한 사람이라고 생각하시고 파트너에게 긍정적인 힘을 실어 줄 수 있는 것들을 두 손에 가득 담아 손을 따뜻하게 비빈 후 파트너의 등에 선물해 주시면서 부드럽게 쓸어내려 주세요.* (마사지라는 행위가 신체의 기능적인 이완의 목적뿐만 아니라 서로에게 심리적인 안위감을 줄 수 있는 도구로 사용되도록 함)
2. 주제활동	□ 파트너 인터뷰 & 소개하기 아직은 낯선 파트너를 인터뷰(예: 이름, 취미, 소망, 듣고 싶은 말 등)하며 서로에 대해 알아 가고, 인터뷰 내용을 다른 참가자들에게도 소개하여 참가자들 모두가 서로를 자연스럽게 알아 가며 친밀감을 형성할 수 있도록 한다. 인터뷰 문항은 중년의 시기에 적합한 것으로 선정하고 2~3문항은 참가자들이 직접 파트너에게 묻고 싶은 질문을 선택할 수 있도록 한다.

행복감 증진을 위한 예술치료 해피·아트·테라피

	지도자 진행 예시 *파트너를 자세하게 인터뷰하고, 다른 참여자들과도 함께 나누는 시간을 가질 것입니다. 종이에 5가지 질문사항이 있는데 혹시 파트너에 대해 더 궁금하신 사항 있으면 6번으로 추가할까요? 어떤 질문을 또 할 수 있을까요?*
3. 센터링	☐ 파트너 조각상 만들어 주기 자신에게 힘을 실어 줄 수 있는 조각상을 파트너에게 선물로 받음으로써 긍정적인 에너지를 확장시킨다. 더불어 모든 참가자들에게 힘나는 말을 들음으로써 자기긍정감을 향상하고, 막연하게 좋았던 감정을 보다 구체화할 수 있도록 한다. 지도자 진행 예시 *파트너에게 행복감과 따스함을 담아 힘날 수 있는 조각상을 만들어 주실 텐데요. 조각가가 만드시는 대로, 말씀하시는 대로 움직이셔야 합니다. (파트너가 만들어 준 대로 조각상이 되어 포즈를 취한 후) 지금 이 순간 어떤 말씀을 들으시면 더 힘이 나실 것 같으세요?*
4. 나눔	파트너 인터뷰와 소개, 조각상 선물, 힘나는 말 듣기의 과정을 통해 어떤 감정을 느꼈는지 나누며 한 회기 안에서 일어났던 다양한 감정을 정리하고 일상 안에서 실천할 수 있도록 동기를 부여한다. 지도자 진행 예시 *지금까지 나의 파트너를 언어적, 비언어적으로 소개하고 참가자들 모두가 서로에게 힘이 날 수 있는 말을 선물해 주는 시간을 가져 봤는데요, 함께하시면서 어떠셨는지 간단한 나눔의 시간을 가져 보겠습니다.* ☐ 시 나눔 이런 하루였으면 좋겠습니다. ☐ 과제 제시 가까운 사람들에게 일상에서 먼저 반가운 인사를 전하고, 일주일 동안의 체험에 대한 느낌 기억해 오기
주의사항	* 참여자들이 몸짓으로 표현하는 과정에 대해 어려워하는 경우 참여자들이 몸의 표현을 통해 자신을 표현하는 과정에서 자칫 시각적인 세련됨이나 기술적인 표현에 집중하고 의미를 둘 수 있다. 때문에 지도자는 조각상을 만들기 활동을 제시할 때 시각적으로 보이는 것이 중요한 것이 아니라 마음을 담는 것이 중요하다는 의미가 전달될 수 있도록 언어적으로 제시한다.

　　2회기는 파트너 인터뷰와 나눔의 과정을 통해 서로에 대해 더 자세히 알아 가고 이해할 수 있는 기회를 가짐으로써 참가자 간의 친밀감을 향상 시키는 것을 목적으로 하였다. 인터뷰 문항 중에 3문항은 중년여성의 자 기표현에 적합한 것으로 연구자가 미리 구조화하여 준비하였고 2～3문항 은 참가자들이 직접 파트너에게 묻고 싶은 질문을 만들고 선택할 수 있도 록 하였다. 자신에게 힘을 실어 줄 수 있는 조각상을 파트너에게 서로 선 물로 표현하고 더불어 모든 참가자들에게 힘나는 말을 들음으로써 참가자 들은 차츰 서로에 대해 마음을 열기 시작하였다. 활동에 대한 언어적인 나 눔을 통해 감정을 구체화하여 자각하고 표현하는 과정이 되었다. 활동 경 험을 일상에서 실천할 수 있도록 가까운 사람들에게 일상에서 먼저 반가 운 인사를 전하고 다음 시간에 경험담을 나누도록 과제로 제시하였다.

행복감 증진을 위한 예술치료 해피·아트·테라피

나의 파트너를 소개합니다

1. 당신의 이름은 무엇이고 이름에 얽힌 특별한 사연이 있다면 무엇인가요?

2. 당신의 취미와 특기는 무엇입니까?

3. 가장 인상깊게 본 책과 영화는 무엇인가요?

4. 당신의 인생관은 무엇입니까?

5. 당신이 가장 좋아하는 말이나 단어는 무엇입니까?

〈3회기〉 나와 너의 행복한 비행

목표	타인의 얼굴 신체화 그리기를 통한 신뢰감 형성
기대효과	• 비행기를 날리며 자유로움과 해방감의 리듬을 경험한다. • 참여자들 간에 얼굴 신체화를 통해 집단 구성원들 간에 친밀감과 신뢰감을 형성한다.
활동 개요	① 워밍업 − 천을 이용한 케어링 터치 ② 주제 활동 − 종이비행기 날리며 초상화 그리기 ③ 센터링 − 그림 중 가장 마음에 드는 부위 소개하기 ④ 나눔
준비물	① 천: 부드러운 감촉과 다양한 색감으로 프로그램에 대해 흥미를 유발하고 천이라는 간접 매체를 통해 참가자 간의 접촉과 표현의 확장을 도모하도록 적용한다. ② 종이, 사인펜: 경험을 통해 일어나는 감정과 느낌을 언어로 전달하도록 한다. ③ 음악: 워밍업과 주제 활동단계에서 4/4 박자의 경쾌한 음악을 배경으로 사용한다.
구성단계	진행 절차 및 내용
1. 워밍업	□ 천을 이용한 케어링 터치 의사표현이 어려운 초기 회기이기 때문에 긴장감을 해소하기 위해 간접적인 접촉을 유도할 수 있는 천을 이용하여 케어링 터치를 진행한다. 지도자 진행 예시 *천을 보니 어떤 게 떠오르세요?* *(슈퍼맨, 치마, 바람, 눈싸움, 줄다리기 등 참가자의 즉흥적 반응에 대한 다양한 움직임을 유도)* *천을 샤워 볼처럼 말아 파트너의 몸에 향기를 가득 발라 주세요.* *(참가자들 간의 간접적 신체접촉의 기회를 제공하기 위함)*
2. 주제활동	□ 종이비행기 날리며 초상화 그리기 자신의 이름이 적힌 종이비행기를 접어 날린 후, 타인의 종이비행기를 집어 얼굴의 한 부분씩(예: 눈, 코, 입 등)을 그려 전체 얼굴을 완성해 나가며 비행기의 주인공에게 긍정적인 메시지를 적어 준다. 이때 지도자는 참가자들이 그리는 것에 집중하기보다는 서로간의 교류가 일어날 수 있도록 진행한다. 지도자 진행 예시 *어린 시절에 종이 가지고 무엇을 했던 것이 기억나세요? 여행을 떠나는 기분으로 저와 함께 적어 날려 볼까요.*

행복감 증진을 위한 예술치료 해피 · 아트 · 테라피

	지금부터는 서로에게로 여행을 떠나 볼 거예요. 서로의 얼굴 한 부분을 그려 주실 겁니다. 다 그리신 분은 여백에 첫인상의 장점을 하나씩 써 주세요. 다 그리신 분은 지금 종이비행기를 가진 분이 같이 여행을 떠나면 좋을 것 같은 사람을 향해 비행기를 날려 볼까요? (같은 방식으로 얼굴의 이목구비 중 한 부분씩(얼굴형, 눈, 코, 입, 헤어스타일 등)을 완성해 나간다.)
3. 센터링	종이비행기를 날리며 서로의 얼굴을 그려 주고, 완성된 자신의 얼굴을 보면서 일어났던 구체적인 느낌과 반응을 관찰하는 시간을 갖는다. 지도자 진행 예시 하나, 둘, 셋 하면 자신의 초상화를 공개해 주세요! 하나, 둘, 셋 지금부터 자신이 가장 맘에 드는 부분을 골라 보세요. 종이비행기를 날려 보기도 하고, 서로의 얼굴을 그려 보기도 하고, 내 얼굴을 받아 보기도 했는데 어떤 느낌이 드셨는지 '나는 어떤 때가 좋았다.' 하면서 가장 기억에 남았던 것, 종이비행기 날릴 때가 좋으셨는지 그릴 때가 좋으셨는지 기억해 볼게요.
4. 나눔	참가자들이 자신의 비행기에 그려진 얼굴의 긍정적인 부분을 발견하고 공개함으로써 자신감 있는 신체상을 형성하고, 자신의 느낌을 언어적으로 표현하고 나누는 시간을 통해 소통과 신뢰감을 형성한다. 지도자 진행 예시 자신의 그림을 보시면서 한 사람씩 자신이 가장 마음에 들었던 부분이나 활동과정에서의 느낌을 이야기해 볼까요?
주의사항	* 그림 그리기와 같은 표현활동에 대해 부담스러워하는 경우 초상화를 그리는 과정에서 그리기에 대한 부담을 느끼는 참가자들의 마음을 지속적으로 읽어 줌으로써 적극적 참여를 유도한다.

　　3회기는 종이비행기를 날리며 자유로움과 해방감의 리듬을 경험하고, 다른 참가자의 얼굴을 참가자들 서로가 그려 주고 지지해 줌으로써 상호 신뢰감을 형성하는 것을 목표로 하였다. 자신의 이름이 적힌 종이비행기를 접어 날린 후, 타인의 종이비행기를 집어 얼굴의 한 부분씩을 그려 전체 얼굴을 완성해 나가며 비행기의 주인공에게 긍정적인 메시지를 적어

주었다. 이때 참가자들이 그리는 것에 집중하기보다는 서로간의 교류가 일어날 수 있도록 하였다. 초상화를 그리는 과정에서 그리기에 대한 부담을 느끼는 참가자들이 있었지만 지도자와 참가자들의 지지적인 분위기 안에서 부담 없이 표현하였다. 비행기를 날리며 아이처럼 자유로운 느낌을 경험하였고, 상대방의 얼굴을 관심 있게 바라보며 서로에게 긍정감을 표현하는 과정에서 서로에게 더욱 친근감을 갖게 되었다고 나누었다.

⟨4회기⟩ 소중한 나의 몸에 말 걸기

목표	나의 몸을 인식하고 축복하기
기대효과	• 자신의 신체를 소중히 인식한다. • 배려하는 마음이 실린 신체접촉과 돌봄을 경험한다. • 긍정적인 신체상 및 자아감을 형성한다.
활동 개요	① 워밍업 - 나의 몸과 마음에 선물 주기 ② 주제 활동 - 소중한 나의 몸에 축복하기 ③ 센터링 - 지금 이 순간에 머물러 보기 ④ 나눔 - 시 나눔: 나를 사랑하는 방법 - 과제 제시 나눔: 일상에서 자신의 몸에 감사함 표현하기
준비물	**음악:** 워밍업, 주제 활동, 센터링 단계에서는 기시기 없고 편안한 느낌을 주는 멜로디 음악을 배경으로 사용한다.
구성단계	진행 절차 및 내용
1. 워밍업	□ 나의 몸과 마음에 선물 주기 그동안 돌보지 못했던 신체 부분을 발견하고 돌보는 과정을 통해 자신에 대한 긍정감을 갖도록 한다. 신체 각 부분에 선물을 준다는 느낌으로 각자의 움직임을 참가자들이 함께 지지적인 느낌으로 반영해 줌으로써 신체적, 정신적 긴장을 이완한다. 지도자 진행 예시 *우리 몸 중에 그동안 돌보지 못했던 고마운 부분 어디가 있으세요?* *그곳에 리듬을 선물해 주실까요? 그곳에 어떻게 말을 걸면 좋을까요?* *(참가자 한 사람씩 자신의 돌보지 못했던 신체에게 선물해 주고 싶은 마음을 담아 움직임으로 표현하고 참가자들이 함께 지지적으로 호응해 준다)*
2. 주제 활동	□ 소중한 나의 몸에 축복하기 파트너를 정해 신체 관절 마디마다 선물해 주고 싶은 마음을 두 손에 담아 서로에게 따뜻한 접촉을 통해 서로의 신체를 소중하게 돌보도록 한다. 지도자 진행 예시 *두 손의 따뜻한 온기에 서로에게 전하고 싶은 마음의 선물을 담아 관절 마디마다 그 마음이 전해질 수 있도록 소중하게 감싸고 잠시 머물러 주세요.(한 사람은 눕고 한 사람은 앉은 상태에서 신체의 큰 관절 마디를 한 번씩 머물도록 한다. 예: 어깨, 팔꿈치, 손목, 골반 등)* *이후 파트너와 역할을 바꾸어 동일하게 실시한다.*

3. 센터링	파트너의 두 손으로 전해진 접촉의 느낌이 신체에 어떠한 느낌으로 남아 있는지 잠시 머물러 본다.
4. 나눔	파트너끼리 경험한 느낌을 개별적으로 나누도록 2분 정도 시간을 제공한 후 참가자들 전체가 함께 느낌을 표현하고 나누는 시간을 갖는다. 서로가 전한 마음의 선물에 대해 감사함을 전할 수 있도록 함께 지지해 주고, 자신의 몸에 대해 느낀 소중한 경험을 바탕으로 일상에서 지속적으로 적용할 수 있도록 과제를 제시한다. □ **시 나눔** 나를 사랑하는 방법 □ **과제 제시** 일상에서 나의 몸 중에 불편한 느낌이 있는 부분이나 고마움을 전하고 싶은 부분에 마음을 담아 자신이 직접 접촉이나 이미지로 전하고, 일주일 동안의 체험에 대한 느낌 준비해 오기
주의사항	* 참여자들이 신체적 활동의 의미를 기능적인 활동으로서 이해하는 경우 참여자들에게 신체적 활동을 제시할 때 참여자들이 신체의 기능적인 면의 효과에 집중할 수 있다. 때문에 지도자는 치유적인 과정으로서 기능적인 효과뿐만 아니라 참여자로 하여금 심리적인 영향에 대해 느끼고 활용할 수 있도록 언어적으로 제시한다.

4회기는 상대방을 존중하는 마음, 배려하는 마음이 실린 신체접촉을 통해 자신의 신체를 소중히 인식하고 돌봄으로써 긍정적인 신체상 및 자아감을 형성하는 것을 목표로 하였다. 그동안 돌보지 못했던 신체 부분을 소중하게 인식하고 돌보는 과정으로서 신체 관절 마디마다 선물해 주고 싶은 마음을 두 손에 담아 서로에게 따뜻한 접촉을 통해 서로의 신체를 소중하게 돌보도록 하였다. 참가자들은 이 과정을 통해 자신에 대한 긍정감과 몸의 소중함을 새롭게 발견하게 되었다고 하였다. 이때 신체적 접촉이 기능적인 차원이 아닌 돌보는 마음이 전해질 수 있도록 정성을 갖고 표현할 수 있도록 제시하였다. 일상에서도 자신을 사랑하는 방법을 실천할 수 있도록 자신의 몸을 돌보는 것을 과제로 제시하였다.

행복감 증진을 위한 예술치료 해피·아트·테라피

제2장 H.A.T. 프로그램의 실제

〈5회기〉 내가 보는 나, 남이 보는 나

목표	있는 그대로의 나 수용하기
기대효과	• 자신의 모습을 객관적, 구체적으로 성찰한다. • 있는 그대로의 나를 바라보고 조건 없이 수용한다.
활동 개요	① 워밍업 － 소중한 나의 몸 돌보기 － 악기로 내가 보는 나, 남이 보는 나 표현하기 ② 주제 활동 － 내가 보는 나, 남이 보는 나 콜라주 작업 ③ 센터링 － 작품 전시 나눔 및 소개 ④ 나눔
준비물	① **다양한 타악기**: 언어적으로 표현하기 힘든 내가 보는 나와 남이 보는 나의 모습을 다양한 악기의 소리로 즉흥적이고 상징적으로 표현해 봄으로써 이후 주제 활동을 준비할 수 있도록 한다. ② **도화지, 크레파스, 파스텔, 잡지, 가위, 풀**: 참가자들이 부담스럽지 않고 보다 쉽게 내가 보는 나와 남이 보는 나의 모습을 상징적으로 표현할 수 있도록 한다. ③ **음악**: 주제 활동단계의 콜라주 작업에서 경쾌한 느낌을 주는 멜로디 음악을 배경으로 사용한다.
구성단계	**내용**
1. 워밍업	□ **소중한 나의 몸 돌보기** '행복의 근육을 키우기 위해 노력하기' 과제 나눔의 맥락을 이어 지난 일주일간 신경 쓰지 못한 신체 부분을 돌보며 심신의 긴장을 이완하고 자신을 소중히 여기는 시간을 갖는다. *[지도자] 일주일간 또는 지난 시간 동안 나의 몸 중에 신경을 별로 쓰지 못했던 부분, 충분히 돌보지 못한 부분을 돌보는 시간을 가져 보도록 하겠습니다.* □ **악기로 내가 보는 나, 남이 보는 나 표현하기** 악기를 사용하여 나의 모습을 소리나 리듬으로 상징적으로 표현해 본다. 지도자 진행 예시 *다른 사람들이 바라보는 나의 모습, 내가 생각하는 나의 모습을 찾아보는 시간을 갖도록 할 거예요.* *내가 생각하는 나에 대한 느낌을 한번 몸으로 만들어 보셔도 좋고 앞에 있는 다양한 악기들을 이용해서 소리나 리듬으로 표현해 주시기 바랍니다. 굳이 말씀으로 설명하려고 하시지 마시고, 소리로 그 느낌을 나눠 주세요.*

행복감 증진을 위한 예술치료 해피·아트·테라피

2. 주제활동	□ 내가 보는 나, 남이 보는 나 콜라주 작업 다양한 도구를 사용하여 도화지에 내가 보는 나의 모습과 남이 보는 나의 모습을 상징적으로 표현해 봄으로써, 막연하게 생각했던 자신의 모습을 보다 객관적이고 구체적으로 인식하고 성찰할 수 있도록 한다. 지도자 진행 예시 *종이에 내가 생각하는 나의 모습과 남이 보는 나의 모습을 담아 주세요. 나를 표현할 수 있는 색을 칠하셔도 좋고 그림으로 그리셔도 좋고 잡지를 이용해 그 이미지를 오려서 붙이셔도 됩니다. 나를 상징할 수 있는 어떤 단어 같은 것들을 적어 주셔도 좋습니다. 어떤 것이든 나를 담을 수 있는 것을 이용하셔서 나의 모습을 표현해 보시기 바랍니다.*
3. 센터링	갤러리에서 작가가 작품을 소개하듯이 도화지에 담은 자신의 모습을 본인 스스로가 소개하도록 함으로써 자기표현의 기회를 제공하고, 자신의 모습을 한 번 더 정리하고 구체화하여 바라볼 수 있도록 한다. 더불어 이러한 나눔을 통해 참가자 서로간의 이해도를 높이고, 다른 참가자들의 작품과 피드백을 통해 자신의 모습을 비추어 볼 수 있는 시간을 갖는다. 지도자 진행 예시 *여러분이 만든 멋진 작품을 감상하고 나누어 보도록 하겠습니다. 이제부터 우리 모두 작가가 되어 서로를 초대해 봅시다. 작품에 어떤 의미가 있는지 소개 말씀을 듣는 시간을 갖도록 하겠습니다. 어느 분 그림이 가장 궁금하세요? 어떤 분을 초대해 볼까요?*
4. 나눔	다양한 도구를 사용하여 도화지에 내가 보는 나의 모습과 남이 보는 나의 모습을 상징적으로 표현해 봄으로써, 막연하게 생각했던 자신의 모습을 보다 객관적이고 구체적으로 인식하고 성찰할 수 있도록 한다. 지도자 진행 예시 *나의 장점이든 단점이든 있는 그대로의 나를 보듬어 주고 앞으로 희망을 향해 나아갈 수 있는 시간을 가졌습니다.* *여러분의 이름을 넣어 부르면서 '~야 너다운 게 제일 좋아~'라고 함께 해 볼까요? 진심으로 있는 그대로의 나 자신을 인정하고 수용하고 지지할 수 있기를 바라는 마음으로 서로에게 사랑의 박수를 전해 주시기 바랍니다.*
주의사항	* 매체 사용이나 창조적 활동 시 참여자들이 어색해하는 경우 악기로 자신을 표현하게 할 때 참가자들이 우선 다양한 악기의 소리에 충분히 익숙해질 수 있는 다양한 표현방법의 기회와 시간을 갖도록 하여 창조적인 표현의 기회를 제공한다.

5회기는 내가 보는 나와 남이 보는 나의 모습을 객관적이고 구체적으로 성찰하고 인식함으로써, 있는 그대로의 나를 바라보고 수용하는 것을

목표로 하였다. 우리나라의 중년여성들이 자신에 대해 인식하거나 표현하
는 것이 문화적으로 익숙하지 않기 때문에 타악기를 사용하여 소리나 리
듬의 표현을 시작으로 해서 콜라주 작업을 통해 상징적인 방법으로 표현
을 확장하도록 하였다. 참가자들은 이러한 과정을 경험하면서 내가 보는
나의 모습과 남이 보는 나의 모습에 대해 막연하게 생각했던 자신의 모
습을 보다 객관적이고 구체적으로 인식하고 성찰할 수 있게 되었다고 표
현하였다. 갤러리에서 작가가 작품을 소개하듯이 도화지에 담은 자신의
모습을 본인 스스로가 소개하도록 함으로써 자기표현의 기회를 제공하였
고, 다른 참가자들의 작품과 피드백을 통해 자신의 모습을 비추어 볼 수
있는 시간을 갖도록 하였다.

행복감 증진을 위한 예술치료 해피·아트·테라피

⟨6회기⟩ 나는 할 수 있어!

목표	내면의 힘 재발견
기대효과	• 다양한 도구를 통해 자신의 힘을 건강하게 표출한다. • 자신의 힘을 기쁨의 에너지로 경험한다. • 내면의 힘을 재발견할 수 있도록 한다.
활동 개요	① 워밍업 　－눈빛과 박수로 전하는 인사 & 마음의 얼음땡 ② 주제 활동 　－힘의 표출로 카타르시스 나눔 경험하기: 신문지 격파, 뿅망치와 소리로 표현하기, 신체 힘겨루기 ③ 센터링 ④ 나눔 　－시 나눔: 내 인생에 가을이 오면 　－과제 제시 나눔: '나는 내가 참 좋다' 자신에게 긍정감 표현하기
준비물	① **뿅망치**: 힘을 안전하게 발산하기 위한 도구로서 감정적 카타르시스를 표출할 수 있도록 적용한다. ② **신문지**: 참가자들이 친숙하게 받아들일 수 있는 소재로서, 부담감을 덜고 해방감을 느끼게 하여 표현을 확장할 수 있는 도구로 사용한다. ③ **징**: 민속악기의 울림은 참가자들을 안정감 있게 통제하고 힘을 발산할 수 있는 격려의 도구로 사용한다. ④ **음악**: 주제 활동단계에서 힘을 표출할 수 있도록 돕는 4/4 박자의 강한 비트 음악을 배경으로 사용한다.
구성단계	**내용**
1. 워밍업	□ 눈빛과 박수로 전하는 인사 & 마음의 얼음땡 급박한 리듬과 경쟁적 구조 안에서 적극적으로 다른 참가자를 찾거나 자리를 바꾸며 힘의 통제와 심리적 역동을 경험한다. *지도자 진행 예시* *오늘은 다 함께 '나는 할 수 있어'라고 외쳐 볼까요?* *지금부터 손뼉으로 옆 사람에게 박수를 치면서 눈빛에 반가운 나눔을 보여 주면서 도미노처럼 돌아올게요.(박수의 방향을 바꾸어도 좋다.)* *방석 위에 올라서서서 술래가 빈 방 있냐고 물어보면 '없어요.'라고 답해 주셔야 해요. 이 때 다른 사람들은 눈빛으로 신호를 주고받으셔서서 자리를 바꿔 주셔야 합니다.(지도자의 시범)* *내 맘대로 안 되는 것, 내가 그 사람하고 만나야 되는데 내 맘대로 안 되는 것이 어떻게 느껴지시나요?*

2. 주제활동	□ 힘의 표출로 카타르시스 경험하기 1) 신문지 격파 – 한 명씩 팀별로 2) 뿅망치와 소리로 표현하기 3) 신체 힘겨루기 지도자 진행 예시 *두 편을 나누어서 신문지를 들고 있으면 한 사람씩 돌아가며 신문지를 격파해 주세요.(신문지 격파)* *팀별로 한 명씩 나와서 그동안 쌓아 두었던 스트레스, 나에게 버거움으로 느껴지는 것들, 해결하고 싶은 간절한 마음을 담아서 격파해 보세요.(돌아가며 뿅망치 쳐봄)* *이 모아진 힘을 통해 힘겨루기를 해 보는데요, 서로가 서로의 힘을 지탱해 주는 버팀목이 되어 주세요.(제자리에서 뛰다가 박수, 징 치면 힘겨루기, 손뼉으로, 어깨로, 등, 엉덩이, 어깨, 발 순으로 밀어내기)* *나를 지지해 준 파트너와 기쁨을 함께 나누어 주세요.*
3. 센터링	평소에 사용하지 않았던 자신의 힘을 발산해 본 경험이 어떻게 느껴지는지 파트너와의 소통과정을 통해 긍정적인 느낌을 공유해 본다. 지도자 진행 예시 *파트너에게 눈빛으로 서로의 이야기를 나누어 주세요.* *나의 모습이 평소의 나와 다르게 느껴지신 부분이 있으신가요?*
4. 나눔	자신에게 새롭게 발견된 힘과 발산의 경험에 대한 느낌을 나누고 한 존재로서 느끼는 소중한 나를 품어 준다. 지도자 진행 예시 *나에게 힘이 없는 것이 아니라 힘을 어떻게 써야 하는지를 잘 몰랐던 것이 아닐까 양팔에 가을의 풍요로움을 가득 담아 가슴에 품어 주세요.* □ 시 나눔 내 인생의 가을이 오면 □ 과제 제시 잠들기 전에 '나는 내가 참 좋다', '아무 조건 없이 고마움의 마음'을 가지는 시간 갖기
주의사항	* 치유적인 활동이 되기 위해 활동의 의미 제시가 필요한 경우 참여자들은 자신의 힘을 발산하는 과정에서 파트너와의 관계에서 경쟁구조로서의 의미에 집중할 수 있다. 지도자는 힘을 발휘하는 과정을 제시할 때 참여자들이 서로의 파트너에 대해 대결구조가 아닌 자신의 힘을 발휘하도록 도움을 주고 지지해 줄 수 있는 역할로 느낄 수 있도록 치유적인 목적과 의미를 언어적으로 전달하도록 한다.

행복감 증진을 위한 예술치료 해피 · 아트 · 테라피

6회기는 다양한 도구를 통해 자신의 힘을 건강하게 표출하고 기쁨의 에너지를 충전한다. 중년기에 접어든 자기 자신과 자신의 삶에 대한 무기력하고 수동적인 태도를 돌아보고 내면의 힘을 재발견하는 것을 목표로 하였다. 신문지 격파, 한 명씩 팀별로 뿅망치와 소리로 표현하기, 신체 힘겨루기 등의 활동을 통해 급박한 리듬과 경쟁적 구조 안에서 적극적으로 다른 참가자들과 상호작용 안에서 힘의 통제와 심리적 역동을 경험하도록 하였다. 이 과정에서 참가자들은 자신의 힘을 표현하고 발산하면서 억눌린 감정들이 해소되는 경험이었고, 자신에게 내재되어 있던 새로운 힘으로 할 수 있다는 자신감이 느껴졌으며, 다른 구성원들에게서도 새로운 면을 발견했다고 표현하였다.

〈7회기〉 스트레스여, 안녕~

목표	스트레스를 건강하게 돌보기
기대효과	• 스트레스를 다양한 관점으로 표현하고 관리하도록 한다. • 내면의 감정적인 부분을 자연스럽게 표출한다.
활동 개요	① 워밍업 - 나의 몸 돌보기 ② 주제 활동 - 자신의 스트레스 요인을 생각해 보고 개방하기 - 콜라주 작업을 통한 스트레스 탈 만들기 & 파트너와 함께 스트레스 움직임 경험하기 ③ 센터링 - 스트레스 돌보기 ④ 나눔
준비물	① **음악:** 주제 활동단계 중 스트레스 움직임 활동 시에는 2/4 박자의 빠른 음악과 4/4 박자의 중간속도 음악과 평온하게 산책하는 느낌을 불러일으키는 멜로디 음악을 배경으로 사용한다. ② **종이, 사인펜:** 스트레스 요인을 자유롭게 그림으로 그려 봄으로써 자신의 감정을 정리하고 스트레스 탈 만들기 작업의 모티브로 활용할 수 있도록 한다. ③ **잡지, 신문, 일회용플라스틱접시, 칼, 가위, 풀, 검정고무줄:** 자신의 스트레스 요인을 여러 가지 도구를 사용해 상징적으로 표현해 봄으로써 안전하게 자신의 감정을 표출할 수 있도록 한다.
구성단계	**내용**
1. 워밍업	□ **나의 몸 돌보기** 중년여성으로서 받는 다양한 스트레스로 인해 신체적으로도 많은 피로가 누적되었을 것임을 고려하여 심신의 피로를 이완하는 시간을 갖는다. 이때 참가자들에게 자신의 몸 중 돌보고 싶은 곳이나 피로가 쌓인 곳이 어디인지 질문을 하며 참가자들의 자발적인 반응을 이끌어 낸다.
2. 주제활동	□ **자신의 스트레스 요인을 생각해 보고 개방하기** 명상을 통해 자신의 스트레스 요인에 대해 떠올려 보고 그 사항을 그림으로 그리거나 글로 적은 후 함께 나눈다. □ **콜라주 작업을 통한 스트레스 탈 만들기 & 파트너와 함께 스트레스 움직임 경험하기** 상징적인 미술/움직임 작업을 통해 자신의 스트레스를 안전하게 표출하고 해소할 수 있도록 하고, 스트레스도 자신이 자발적으로 선택하고 관리할 수 있다는 것을 깨닫게 함으로써 삶의 기쁨을 발견할 수 있도록 한다. 1) 자신이 만든 스트레스 요인이 담긴 탈을 쓰고 자신을 향해 다가오는 파트너(스트레스 역할)를 감당할 수 있는 위치에서 멈추게 하고 바라본다. 2) 스트레스가 스트레스의 주인을 쫓아가고, 주인은 이를 피해 도망친다.

	3) 스트레스가 주인 앞에서 길을 막고 주인은 스트레스를 뚫고 지나간다. 4) 주인이 자신의 스트레스를 하고 싶은 대로 마음껏 다룬다. 지도자의 진행 예시 *눈을 감고 평범한 일상생활 안에서 겪는 일들 중에서 나의 마음을 옥죄어 오거나 힘들게 하는 스트레스는 어떤 것이고, 힘들게 하는 것은 어떤 것인지 생각해 보셨을 거예요. 오늘은 그런 상황들을 경쾌하고 건강하게 돌보는 경험을 하실 텐데요. 우선 머릿속에 떠오른 상황들을 그림이나 글로 간단하게 나타내 주시기 바랍니다.*
3. 센터링	□ 스트레스 돌보기 주제 활동을 통해 경험하고 느껴진 역동적인 감정을 서서히 가라앉히고, 객관적인 상태에서 지금 이 자리에서 일어나는 자신의 감정을 있는 그대로 바라보고 돌봄으로써 스트레스를 좀 더 주체적으로 관리할 수 있는 힘을 느끼도록 한다. 지도자의 진행 예시 *나의 스트레스와 어깨를 나란히 하시고 이 공간 안을 편안하게 걸어 보시기 바랍니다. 그런 후 편안한 곳에 나의 스트레스를 놓고 싶으신 내도 놔 보세요. 이세 그 스트레스 곁에서 내 고민을 나누세요. 내 고민이 이런 거였지, 날 힘들게 했던 게 이런 거였지 하면서…… 그리고 '모두 잘될 거야.'라는 마음으로 나의 스트레스를 보듬어 안아 주세요.*
4. 나눔	자신의 스트레스 요인을 떠올려 보고 미술작업, 움직임 작업을 통해 스트레스를 주체적으로 관리할 수 있음을 경험하면서 어떤 감정이 느껴졌는지 나누어 봄으로써 한 회기 안에서 일어났던 다양한 감정을 정리하고 일상 속에서 실천할 수 있도록 제시한다.
주의사항	* 작업 활동 시 소요 시간을 제시할 경우 주제 활동 부분에서 만들기 작업을 할 경우에는 개인차에 의해 시간이 다양하게 소요될 수 있음을 감안해 작업 전에 구체적인 소요 시간을 제시하도록 한다. * 심리적 안정감을 위한 규칙 제시가 필요한 경우 스트레스 탈과 같이 감정적으로 격해질 수 있는 움직임 활동 시에는 안전상의 규칙을 제시하여 사고를 예방하도록 한다.

 7회기는 중년기 여성으로서 겪을 수 있는 스트레스를 다양한 관점으로 바라보고 표현함으로써 내면의 감정적인 부분을 자연스럽게 표출하고, 스트레스를 건강하게 돌보는 것을 목표로 하였다. 명상을 통해 자신의 스트레스 요인에 대해 떠올려 보고 그림으로 그리거나 글로 적은 후 함께 나

누고 신체활동의 경험을 통해 억압된 감정을 표현하고 지각하도록 하였다. 참가자들은 상징적인 미술/움직임 작업을 통해 자신의 스트레스를 다양한 관점으로 바라보면서 억압된 감정을 표출함으로써 스트레스가 해소되는 경험이었고, 스트레스를 바라보면서 힘들어하기보다는 자신이 자발적으로 선택하고 관리할 수 있다는 것을 깨닫는 과정이었다고 표현하였다. 스트레스라는 주제로 인해 부정적이거나 충동적인 표현이 되지 않도록 표현의 범위를 개개인별로 감당할 수 있도록 구조화하고 격려하도록 하였다.

〈8회기〉 내어 주기와 안아 주기

목표	일상에서 가능한 선택의 기쁨을 발견한다.
기대효과	• 수동적, 능동적인 태도를 몸의 체험으로 경험한다. • 외부환경에 대해 반응하는 삶의 패턴을 탐색한다.
활동 개요	① 워밍업 – 매직밴드에 나를 맡겨요: 매직밴드를 통한 신체적 이완의 확산과 심리적 역동 체험하기 – 나와 너의 호흡에 귀 기울이기 ② 주제 활동 – 인도해 주기 ③ 센터링
준비물	① **음악**: 워밍업 단계에서 매직밴드 활동 시에 4/4 박자의 경쾌한 음악을 사용하고, 주제 활동에서는 편안한 느낌을 주는 멜로디 음악을 배경으로 사용한다. ② **매직밴드**: 도넛 모양의 탄력이 좋은 스판 천으로 참가자 모두(15명 정도)가 함께 들어갈 수 있는 크기이다. 체중을 거의 맡겨도 찢어지지 않을 정도로 튼튼한 재질로 인해 성인들이 놀이하듯 상호작용의 역동을 경험함으로써 몸과 마음을 빠른 시간 내에 이완할 수 있는 워밍업을 위한 도구로 활용한다.
구성단계	**내용**
1. 워밍업	□ **매직밴드에 나를 맡겨요** 매직밴드 안에서 참가자들이 모두 기대고 기지개를 하고 자리를 이동하며 신체를 이완한다. 매직밴드의 이동 방향을 두 곳으로 정하고 한 사람씩 체중을 완전히 기대었다가 이동하면 참가자들이 함께 이동하고 있는 참가자의 이름을 큰 소리로 외쳐 주며 지지해 준다. 강사는 놀이기구를 타듯이 즐겁게 몸과 마음을 이완할 수 있도록 환경을 조성한다. □ **나와 너의 호흡에 귀 기울이기** 파트너의 호흡에 귀 기울여 보고, 나의 호흡을 느낌으로써 자신과 타인에 대해 어떻게 반응하는지 관찰한다. 또한 서로의 호흡에 함께 맞춰 주면서 호흡의 일체감을 통해 하나 된 마음을 느낌으로써 신체적, 심리적 안정감을 경험한다. 지도자의 진행 예시 *두 손의 온기와 함께 파트너에게 전하고 싶은 마음의 선물을 담아 파트너의 등에 두 손으로 둥글게 퍼뜨려 주시고, 등의 한 부분에 두 손을 대고 잠시 파트너의 호흡에 귀 기울여 주시기 바랍니다.(이와 동일한 방법으로 3차례 실시하고 파트너의 역할을 바꾸어 실시한다.)*

2. 주제활동	**□ 내어 맡김 경험하기** 두 명씩 짝을 지어 한 사람은 편안하게 앉고 한 사람은 등 뒤에 다가가 앞 사람의 상체와 머리의 무게를 자신에게 기대게 하고 아기에게 요람을 흔들어 주듯이 편안한 리듬을 통해 자신을 온전히 내어 맡기는 경험을 느낀다. **□ 인도해 주기** 파트너 중 한 사람은 눈을 감고 한 사람은 눈을 뜬 상태에서 미지의 세계를 탐험하듯 공간을 새롭게 경험하도록 한다. 역할을 바꾸어 동일한 방법으로 진행한다.
3. 센터링	눈을 감은 입장에서 타인에게 전적으로 의지해야 하는 상황에서 경험한 느낌과 누군가를 이끌어 주어야 하는 입장에서 경험했던 느낌이 자신에게 어떠한 느낌으로 다가왔는지 느낌에 머물러 본다.
4. 나눔	패턴화된 일상의 삶에 대처하는 자신의 태도를 의존적 삶과 주도적 삶이라는 관점으로 재조명해서 바라봄으로써 중년기에 자칫 수동적일 수 있는 삶의 태도에 대해 새로운 선택의 시도를 할 수 있도록 참가자들이 서로를 격려한다. **□ 시 나눔** 언제나 함께하고픈 사람 **□ 과제 제시** 일상에서 거울을 보거나 자신의 표정을 느끼는 순간에 자신이 지을 수 있는 가장 아름다운 미소로 자신에게 미소 지어 주기
주의사항	* 신체적 안정상의 위험예방을 위해 규칙이 필요한 경우 매직밴드와 같은 역동적인 활동을 할 경우 강사는 참가자들이 넘어지거나 부딪히는 안정상의 위험성에 대해 충분히 주의를 준다. 예를 들어 바닥이 미끄러울 경우 양말을 벗게 하는 것과 같은 규칙을 정하여 참가자들을 보호할 수 있는 환경을 조성한다. * 눈을 감은 상태에서 파트너와의 활동을 제시할 경우 눈을 감고 활동하는 작업에서는 타인에게 신뢰감을 느끼지 못하거나 참가자 개인의 내적인 불안 상태로 인해 강사의 지시대로 편안하게 참여하지 못하는 경우가 있을 수 있다. 이때 강사가 참여를 강요하게 되면 프로그램의 의미전달보다는 참가자에게 부담스러운 경험이 될 수 있기 때문에 강사는 참가자 개개인의 고유한 반응을 잘 관찰하여 공간적 안정감이나 파트너 선정, 시간적 배분에 대해서 상황에 맞게 유동적으로 조절할 수 있어야 한다.

8회기는 내어 맡김과 안아 주기라는 주제로 움직임 활동을 통해 상징적으로 경험함으로써 외부환경에 대해 반응하는 자신의 삶의 패턴을 탐색하고, 자신의 중심에서 능동적인 선택의 기쁨을 발견하는 것을 목표로

행복감 증진을 위한 예술치료 해피·아트·테라피

하였다. 본 활동에서는 눈을 감고 타인에 대해 전적으로 의지해야 하는
수동적인 입장에서의 경험과 주도적으로 이끌어 주어야 하는 책임감에
대한 느낌을 경험하고 나눌 수 있도록 제시하였다. 참가자들은 일상의 삶
에서 의존적 삶과 주도적 삶이라는 관점으로 재조명해서 바라봄으로써
중년기에 자칫 수동적일 수 있는 삶의 태도에 대해 돌아보게 되었다고
하였다.

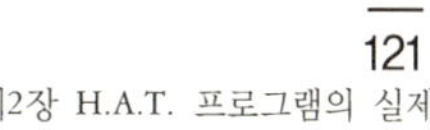

〈9회기〉 내 생의 아름다운 순간

목표	삶에 대한 긍정감 확장
기대효과	• 중년기에 경험할 수 있는 삶에 대한 부정적인 태도를 인식한다. • 과거의 행복한 순간을 재경험함으로써 삶의 긍정감을 일깨운다.
활동 개요	① 워밍업 − 케어링 터치 & 일상에서 발견한 기쁨 나눔 ② 주제 활동 − 아름다운 추억의 명상 − 나의 추억의 색(그림) 찾기 − 추억의 작품 전시회 ③ 센터링 − 작품에 적혀 있는 지지의 글들 중 가장 마음에 와 닿는 글 소개하기 ④ 나눔
준비물	① **명함크기의 라벨지**: 명함 크기의 작은 도화지를 사용하여 그림에 대한 심리적 부담을 덜어 준다. ② **색도화지**: 액자의 역할로 작품을 드러내고 추억을 담을 수 있는 공간으로 활용한다. ③ **흰색, 파랑, 노랑, 빨강 물감**: 3원색을 활용하여 모든 색을 창조한다. ④ **포스트잇**: 서로의 작품에 선물처럼 피드백을 남겨 주도록 한다. ⑤ **물티슈, 종이팔레트, 붓을 대용할 수 있는 나무젓가락, 스카치테이프 등**: 참가자들이 도구를 편리하게 이용할 수 있도록 한다. ⑥ **음악**: 워밍업, 주제 활동, 센터링 단계에서 과거를 회상할 수 있도록 편안한 느낌을 주는 음악을 배경으로 사용한다.
구성단계	**내용**
1. 워밍업	□ 케어링 터치 & 일상에서 발견한 기쁨 나눔 신체적 이완과 함께 일상의 소중한 것들을 발견하며 기쁘게 맞이할 수 있도록 준비한다. 지도자의 진행 예시 *오늘은 내 생의 아름다운 순간을 떠올려 보고 그것들을 함께 나누어 보겠습니다. 여기에 오시면서 기억에 남는 상황이나 어떤 기분이 드셨는지 몇몇 분만 얘기 나누어 볼까요?*
2. 주제활동	참가자들이 생의 과정에서 가장 행복했던 추억들을 떠올려 보고, 추억의 색 하나를 골라 작은 도화지에 그린다. □ 아름다운 추억의 명상 지도자의 진행 예시 *나의 삶의 유년 시절, 청소년기, 20대, 30대 때로 거슬러 올라가 가장 아름답고 행복했*

행복감 증진을 위한 예술치료 해피 · 아트 · 테라피

던 기억을 떠올려 보시기 바랍니다.
어린 시절 학교 체육대회, 운동회, 소풍, 첫사랑, 남편, 결혼, 첫아이, 아이 초등학교 입학식 행복하고 아름다웠던 추억들 중에 한 가지를 떠올려 보시고, 그곳에 함께 있었던 사람들, 표정, 느낌을 느껴 보시기 바랍니다. 그곳에 풍경들은 또 어떤 계절인지, 떠오르는 인상 깊은 색깔도 눈여겨보시기 바랍니다.
지금 떠올린 좋은 기억들을 간직하신 채 천천히 눈을 떠 보겠습니다.

□ 나의 추억의 색(그림) 찾기

지도자의 진행 예시

같은 색깔도 개개인의 느낌, 추억에 따라서 여러 가지 느낌이 떠오르실 거예요. 여러 가지 색 중에 여러분의 추억의 색들을 골라서 작은 공간에 다양한 방법으로 채워 주시면 됩니다. 그림을 그리셔도 좋고, 색을 칠하셔도 됩니다.
(삼원색의 원리 간단히 설명) 추억의 느낌에서 떠오른 나만의 추억의 색을 만드시면 됩니다. 색을 만들다 보면 나의 추억과 더 가까운 색을 만드실 수 있을 거예요.
색을 채우신 분들은 큰 색도화지에 붙이고 제목과 작품에 얽힌 사연들을 적어 주세요.

□ 추억의 작품 전시회
자신의 작품을 벽에 전시하여 다른 참가자들과 함께 추억의 공간을 마련하고 서로의 추억을 통해 자신의 행복한 추억과 만나거나 서로의 추억을 축복해 줌으로써 삶의 기쁨의 순간을 함께 나눈다.

3. 센터링	자신의 작품과 다른 참가자들의 작품을 통해 자신의 인생을 돌아보면서 잊고 지냈던 과거의 행복을 발견한 자신을 느껴 본다. 지도자의 진행 예시 (참여자들이 자유롭게 작품을 감상하며 포스트잇에 긍정적인 피드백을 적어서 서로의 작품에 선물한다.) 자신의 작품을 보여 주시고, 작품에 대해 받은 피드백 중에 마음에 특히 와 닿았던 글이 있다면 함께 나눠 보겠습니다.
4. 나눔	행복한 추억을 지닌 삶의 주인공으로서의 기쁨을 발견하고 현재의 삶과 통합하는 과정에서의 느낌을 나눈다.
주의사항	* 다양한 도구 사용 시 도구의 수가 많고, 도구의 사용이 익숙하지 않을 때에는 참가자들이 도구에 대한 부담을 느끼지 않도록 한 번에 모든 도구를 나누어 주기보다는 필요한 순간에 도구를 하나씩 제공하며 알기 쉽게 설명한다. * 과거의 부정적 경험을 직면할 경우 추억을 떠올리는 과정에서 과거의 행복한 추억이 현재의 아프고 힘든 순간과 만날 수도 있다는 점을 헤아려 줄 수 있도록 하고, 현재의 행복을 선택할 수 있음을 격려하고 지지한다.

　9회기는 행복한 추억을 떠올리고 기쁘게 나누는 과정을 통해 중년기에 경험할 수 있는 삶에 대한 부정적인 태도를 돌아보고 삶에 대한 긍정감을 일깨우고 확장하는 것을 목표로 하였다. 생의 과정에서 가장 행복했던 추억들을 떠올려 보고, 작품을 벽에 전시하여 서로의 추억을 통해 서로의 추억을 축복해 줌으로써 삶의 기쁨의 순간을 함께 나누도록 하였다. 참가자들은 자신의 작품과 다른 참가자들의 작품을 통해 자신의 인생을 돌아보면서 잊고 지냈던 과거의 행복한 순간을 발견하면서 자신의 삶에 대한 긍정감을 발견하고 나누었다. 지도자는 추억을 떠올리는 과정에서 과거의 행복한 추억이 현재의 아프고 힘든 순간과 만날 수도 있다는 점을 헤아려 줄 수 있도록 하였고, 현재의 행복을 선택할 수 있음을 격려하고 지지하였다.

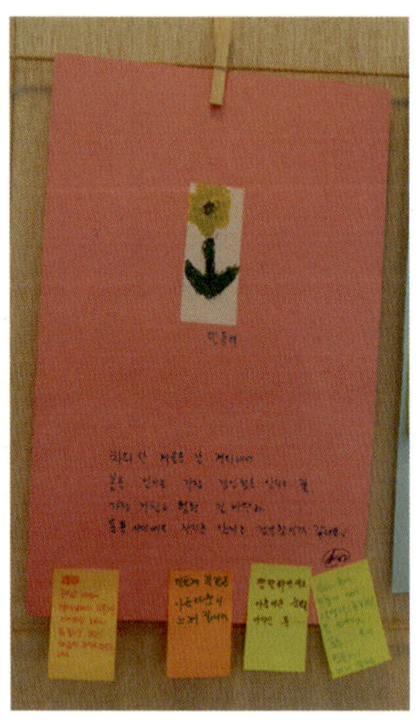

행복감 증진을 위한 예술치료 해피·아트·테라피

〈10회기〉 나는 지금 어디에?

목표	현재의 소중함 재발견
기대효과	• 나의 삶을 인지적 탐색과 상징적 역할을 통해 경험한다. • 과거에 미해결된 아픔과 상처를 돌본다. • 행복한 미래 모습을 미리 느껴 보고 경험한다. • 현재의 소중함을 재발견한다. • 주체적으로 삶을 선택할 수 있는 힘을 재발견한다.
활동 개요	① 워밍업 ─소중하고 아름다운 나의 몸 발견하기 ─과거, 현재, 미래의 나에 대한 명상 ② 주제 활동 ─나의 위치 돌아보기: 나의 과거, 현재, 미래에 대한 위치 그림을 탐색하고 나누기 ─역할극을 통한 나와의 만남 ③ 센터링 ─지금 이 순간에 머물러 보기 ④ 나눔 ─시 나눔: 아름다운 중년 ─과제 제시 나눔: 행복한 나의 모습이 담긴 사진 찾아보기
준비물	① **나의 위치 활동지, 사인펜**: 나무 주위에 다양한 모습으로 머물러 있는 열 명의 아이들의 모습이 그려진 활동지를 통해 과거, 현재, 미래의 나의 모습을 보다 쉽고, 상징적으로 바라보고 발견할 수 있도록 적용한다. ② **천**: 새 출발이라는 의미를 여성들에게 하얀 천을 이용해 면사포라는 상징적 이미지로 적용하고, 화려한 색깔의 천을 날리는 과정을 통해 미래의 나의 모습을 만난 기쁨을 확장시키는 도구로 사용한다. ③ **음악**: 워밍업 단계에서 현재 나의 위치를 명상의 과정으로 차분하게 돌아볼 수 있도록 편안한 느낌을 주는 음악을 배경으로 사용한다.
구성단계	**내용**
1. 워밍업	□ **소중하고 아름다운 나의 몸 발견하기** '소중한 나 돌보기' 과제 나눔의 맥락을 이어, 나이 듦에 따라 점점 위축되고 왜곡된 신체상을 갖기 쉬운 중년여성들이 몸에 대해 경험했던 과거의 긍정적 기억을 떠올림과 더불어 현재의 아름다운 모습을 발견하고 표현해 보는 기회를 갖는다. □ **과거, 현재, 미래의 나에 대한 명상** 지나온 시간들을 되돌아보며 순간순간의 사건들, 그때의 감정들을 떠올릴 수 있도록 명상의 시간을 가진 후 떠오른 기억이나 느낌들에 대해 나누어 봄으로써 이후 나의 위치 주제 활동을 준비할 수 있도록 한다.

	□ 나의 위치 돌아보기 나의 위치 활동지를 통해 과거와 현재의 나, 꿈꾸는 미래의 나의 모습을 상징적으로 들여다보고, 더불어 돌봄이 필요한 과거의 나의 모습은 무엇인지 돌아본다.
2. 주제활동	□ 역할극을 통한 나와의 만남 과거와 현재의 나 모두가 건강하고 자유롭게 홀로 설 수 있도록, 현재의 내가 돌봄과 위로가 필요한 과거의 나를 만나 충분한 위로와 격려를 전해 준 후 점차 멀어지는 과정을 통해 건강한 분리를 상징적, 점진적으로 경험한다. 과거로부터 자유로워진 현재의 내가 파트너를 통해 미래의 꿈꾸는 나, 행복한 나를 만난다. 하얀색의 천을 이용해 새 출발의 의미가 담긴 면사포로 상징화하여 미래의 나에게 씌워 주고, 참가자들의 격려와 함께 꿈꾸는 미래를 향해 힘차게 행진한다.
3. 센터링	파트너를 통해 만난 자신의 과거와 미래의 나의 모습을 바라보며 느껴지는 감정들에 충분히 머물고, 이러한 돌아봄을 통해 현재의 나의 소중함과 가능성을 느끼고 할 수 있다는 자신감과 희망을 실어 주는 시간을 갖는다.
4. 나눔	나의 위치를 돌아보는 과정에서 발견하고 느낀 점들을 함께 나눔으로써 참가자들 각자가 자신의 느낌을 보다 구체화하여 정리할 수 있도록 하고, 집단원 간의 공감과 수용을 통해 미래에 대한 희망을 고취할 수 있도록 한다. 더불어 가장 중요한 것은 행복한 미래를 준비하는 '지금 여기에서의 현재의 나'임을 다시 한 번 상기하며 현재의 나에게 응원의 메시지를 전한다. □ 시 나눔 아름다운 중년 - 오광수 □ 과제 제시 나에게서 발견될 수 있는 아름다운 순간을 사진으로 담아 자주 볼 수 있는 곳에 붙여 놓고, 지치거나 힘들 때마다 삶의 비타민처럼 활용하기
주의사항	* 주제 활동에서 의미 제시의 방향이 필요한 경우 '나의 위치 돌아보기' 주제 활동에서 참여자들이 치유적인 과정이 되기 위해서는 과거에 있었던 사건에 대한 사실적인 정보에 집중하기보다는 그 당시에 돌보지 못했던 자신의 감정들을 치유적인 과정으로 바라볼 수 있도록 언어적으로 제시한다.

10회기는 나의 삶을 과거, 현재, 미래의 다양한 시점에서 탐색해 보면서 과거의 미해결된 감정을 돌보고, 미래의 꿈꾸는 나를 미리 만나 보는 활동으로 이루어진다. 이 회기에서는 풍요롭고 행복한 미래를 위해 보다 소중하고 충만한 '현재'를 선택하여 누릴 수 있는 힘을 발견하는 것을 목표로 하였다. 참가자들은 행복한 미래를 준비하는 '지금 여기에 있는' 현

행복감 증진을 위한 예술치료 해피·아트·테라피

재의 나에게 응원의 메시지를 전함으로써 자신의 삶에 대한 소중함을 재
발견하는 과정이었다고 표현하였다.

아래의 그림에는 나무 둘레에 10명의 아이들이 모여 제각기 무언가를 하고 있습니다.
잘 살펴본 후 다음의 질문에 답하시기 바랍니다.

1. 이 아이들 가운데 과거의 나는 어떤 모습이었나요? 그 이유는 무엇인가요?

2. 이 아이들 가운데 현재의 나는 어떤 모습인가요? 그 이유는 무엇인가요?

3. 이 아이들 가운데 미래의 나는 어떤 모습일까요? 그 이유는 무엇인가요?

4. 바라는 미래의 모습이 되기 위한 방법은 무엇인가요?
   (실천 가능한 구체적 방법을 적어보세요)

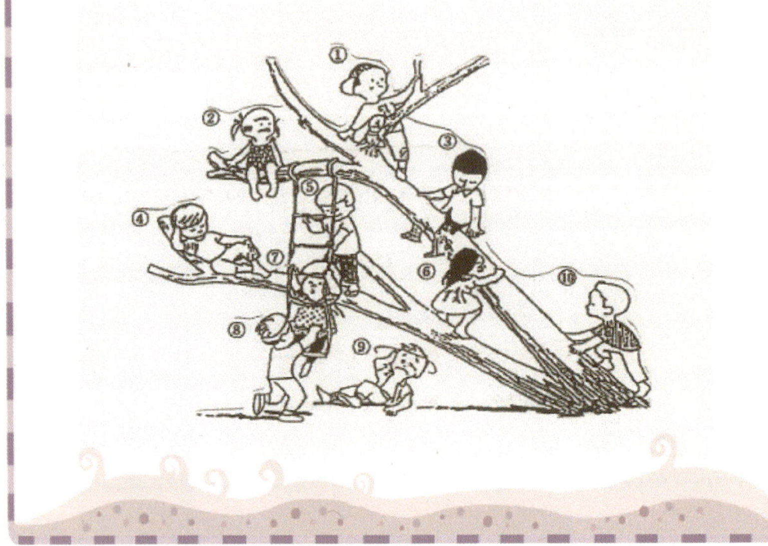

〈11회기〉 내가 바라는 '나'

목표	삶의 목적과 희망 발견
기대효과	• 신체화를 통해 아름다운 자신을 발견한다. • 내가 바라는 나의 모습을 창조적인 관점으로 새롭게 발견한다. • 행복한 나의 모습을 찾고 움직임의 표현으로 통합한다.
활동 개요	① 워밍업 – 당당한 나의 모습 발견하기 – 열차 만들기 ② 주제 활동 – 행복한 나에 대한 명상 – 전신화 그리기: 앞으로 자신이 만나고 싶은 행복한 모습을 꾸며 본 후 전시 나눔 하여 소개하기 ③ 센터링
준비물	① **음악**: 워밍업 단계의 열차 만들기 활동에서 4/4 박자의 경쾌한 음악을 사용하고 주제 활동단계에서 행복한 나의 명상에서는 편안한 느낌을 주는 멜로디 음악을 배경으로 사용한다. ② **전지, 크레파스, 파스텔, 꾸미기 재료(습자지, 리본, 방울 등)**: 좀 더 창조적이고 쉽게 표현할 수 있도록 다양한 도구들을 활용할 수 있도록 제안한다.
구성단계	진행 절차 및 내용
1. 워밍업	□ **당당한 나의 모습 발견하기** 자신의 신체 중 가장 마음에 드는 곳을 발견하고 긍정적인 관점으로 표현하도록 함으로써 보다 자신감 있게 자신의 모습을 느끼고 표현하게 한다. 한 사람씩 당당한 자세로 함께 걸어 보고, 참가자들이 함께 호응하며 기쁜 과정으로 자신을 표현한다. 지도자의 진행 예시 *자신의 모습 중 가장 자신 있는 부분,* *자신 있는 모습으로 발견하신 분?* *각자 가장 당당하고 돋보이는 모습으로 함께 걸어 볼까요?* □ **열차 만들기** 가위, 바위, 보 게임을 하면서 2명에서 4명, 8명으로 확산하여 전체가 하나의 열차 대형이 될 때까지 발로 리듬을 맞추며 함께 공간을 이동한다. 한 사람씩 돌아가며 열차의 기관장이 되고, 열차로 하나 된 다른 참가자들을 이끄는 경험을 통해 참가자들은 좀 더 자신감 있게 자신의 존재감을 체험하고, 참가자들의 호응을 통해 지지받도록 한다.

2. 주제활동	□ 행복한 나에 대한 명상 자신이 떠올릴 수 있는 편안한 공간의 이미지 안에서 움직임의 명상을 통해 앞으로 만나고 싶은 내가 바라는 행복한 나의 이미지 떠올려 본다. **지도자의 진행 예시** *내가 떠올릴 수 있는 가장 편안한 공간이나 아름다운 공간을 떠올려 주시고, 그 공간에서 가장 편안한 자세로 잠시 머물러 보시기 바랍니다.* □ 전신화 그리기 두 명씩 파트너를 정해 큰 전지에 서로의 신체를 본떠 주고, 각자의 전지에 명상에서 발견했던 내가 바라는 나의 모습을 각자의 표현으로 그리거나 꾸미기 형태로 표현한다. 그리고 자신의 그림에 각자 제목을 붙여 본다.
3. 센터링	각자 완성한 자신의 작품을 바라보며 느껴지는 느낌들에 대해 바라보고 발견하도록 한다.
4. 나눔	완성된 작품을 모두 벽에 전시하고 참가자들은 한 명씩 돌아가며 전시회에서 자신의 작품을 소개하는 작가처럼 그림을 그리면서 느낀 과정과 완성본을 보면서 느낀 점에 대해 발표한다. 그리고 자신이 바라는 모습을 그림 앞에서 직접 몸으로 표현함으로써 내적인 느낌을 확장하도록 한다. 다른 참가자들도 진지하게 경청하고, 작품과 발표자에 대해 긍정적인 피드백을 나누며 미래의 행복한 모습을 만날 수 있도록 축복한다.
주의사항	* 참여자들의 표현 능력의 차이에 대한 지도자의 개입이 필요한 경우 지도자는 방법론이나 표현하는 매체에 대해 참가자 개개인의 반응이 달라질 수 있고, 이것은 참여도에 영향을 미칠 수 있다. 따라서 지도자는 참여자들의 수준을 잘 관찰하고 고려하여 모든 참여자들이 흥미를 갖고 쉽게 표현할 수 있는 방법과 매체를 적용해야 한다.

11회기는 앞으로의 삶에서 내가 바라는 행복한 나의 모습을 찾고, 희망찬 미래의 모습을 현재의 시점에서 그려 보고 몸으로 느껴 보는 과정을 통해 적극적인 자세로 삶의 목적과 희망을 발견하는 기회를 갖는 것을 목표로 하였다. 자신이 떠올릴 수 있는 편안한 공간의 이미지 안에서 움직임의 명상을 통해 앞으로 만나고 싶은 내가 바라는 행복한 나의 이미지를 떠올려 보고, 신체를 본뜨기 작업을 통해 내가 바라는 나의 모습을 각자의 표현으로 그리거나 꾸미기 형태로 표현하였다.

행복감 증진을 위한 예술치료 해피·아트·테라피

제2장 H.A.T. 프로그램의 실제

〈12회기〉 소망의 나무

목표	삶의 목적 추구
기대효과	• 앞으로의 삶의 소망을 구체화한다. • 참여자들의 지지와 공감으로 삶에 대한 긍정감을 회복한다. • 삶의 소망을 이루기 위한 힘과 용기를 얻는다.
활동 개요	① 워밍업 - 새로운 탄생을 위한 몸과 마음 깨우기 ② 주제 활동 - 소망의 나무: 열매에 자신의 소망 담기 ③ 센터링 - 소망의 나무 조각상 만들기: 자신의 나무 느낌을 몸으로 확장하기 - 서로의 소망에 축복하기 ④ 나눔 - 시 나눔: 아름다운 길 - 과제 제시 나눔: 자신에게 힘나는 말 해 주기
준비물	① **캥거루 천**: 온몸을 감싸는 크기의 천 안에 들어감으로써 엄마 배 속에 있을 때와 같은 심리적 안정감을 경험하고, 신축성이 큰 도구의 특성을 활용하여 신체적, 심리적 이완이 보다 쉽게 이루어질 수 있도록 한다. ② **열매 모양의 종이**: 중년이라는 제2의 인생에서 이루고 싶은 소망들을 열매라는 상징적인 표현을 통하여 소망을 보다 구체화하고 시각화할 수 있도록 돕는다. ③ **전지, 크레파스, 파스텔**: 전지에 나무를 그리고 그 위에 자신의 꿈의 열매를 붙이고 전시하여 바라봄으로써 미래에 바라는 소망을 보다 확장하여 느끼고 다른 참가자들로부터 지지받을 수 있도록 한다. ④ **음악**: 워밍업, 주제 활동, 센터링 단계에서 제시하는 이미지에 집중할 수 있도록 편안한 느낌을 주는 음악을 배경으로 사용한다.
구성단계	**내용**
1. 워밍업	□ **새로운 탄생을 위한 몸과 마음 깨우기** 중년기를 무기력하고 허탈감이 느껴지는 쇠퇴의 시기가 아닌 보다 아름답고 활기찬 제2의 인생을 위한 준비의 시기로 받아들일 수 있도록, 움틈을 준비하던 씨앗이 새싹으로 피어나 나무로 성장하는 이미지를 떠올리며 워밍업 시간을 갖는다. 캥거루 천에 들어갔다 나오는 활동을 통해 마치 새로 태어나는 아기 같은 경험을 한다. 이 과정은 중년 이후의 삶 속에서 바라는 나의 모습을 준비하고, 새롭게 탄생하는 상징적인 경험을 한다.

행복감 증진을 위한 예술치료 해피·아트·테라피

	지도자의 진행 예시 *작은 씨앗이 새싹이 되어 에너지를 모아 조금씩 땅을 뚫고 나옵니다.* *새싹이 조금씩 자라서 묘목으로 자라납니다. 조금 더 크게 조금 더 편안한 나무로, 피어나고 있어요. 뿌리도 뻗어 나가고 있어요. 온몸으로 피어나 보세요. 하늘을 향해서, 나를 내비치고 있는 햇살을 향해서……* *마치 아기가 내 품 안에 있는 것처럼 짝꿍하고 반가워하며 서로 안아 주세요. 아기가 편안하게 쉴 수 있도록 쓰다듬어 주셔도 좋고 다독여 주셔도 좋습니다. 이제 조금씩 세상을 향해서 깨어나실 거예요. 손끝부터 조금씩 움직여 주세요.* *아기가 천천히 몸을 일으켜 일어날 수 있도록 아기가 완전히 빠져나올 수 있도록 응원해 주세요. 기쁘게 이 세상을 맞이할 수 있도록 도와주세요.*
2. 주제활동	□ **소망의 나무** 열매 모양의 종이에 중년이라는 제2의 인생에 이루고 싶은 소망들을 구체적으로 적어 보고 이를 자신이 그린 나무에 붙여 함께 나누어 본다. 이때 자신의 노력으로 이룰 수 있는 소망들을 구체적으로 적어 봄으로써 막연하게 생각했던 자신의 삶의 목표를 새롭게 발견하고 소망을 보다 구체화하고 시각화할 수 있도록 하며, 자신이 바라는 미래의 모습을 참가자들에게 지지받을 수 있도록 한다. 지도자의 진행 예시 *미래의 내가 어떤 사람들과 무엇을 하며 근사하게 살고 싶은지, 미래에 자라날 나의 나무에는 어떤 열매가 매달려 있으면 좋을지 적어 주세요. 한 가지 정도는 내가 노력을 해서 이루고 싶은 삶의 목적을 적어 주세요.*
3. 센터링	□ **소망의 나무 조각상 만들기** 나무에 자신의 열매를 붙인 후 앞서 구체화한 소망들을 이룬 미래의 나의 모습을 상상하며 고요히 머무름으로써 그 기쁨과 풍요로움을 확장하여 경험하고, 그 소망들을 이룰 수 있는 자신감과 용기를 얻는다. 더불어 참가자 모두가 각자 아름답고 풍요로운 나무가 되어 만남으로써 소망을 이룬 기쁨을 축복과 지지로 함께 나눈다.
4. 나눔	소망의 나무라는 작업을 통해 활동에서 발견하고 느낀 점들을 함께 나눔으로써 참가자들 각자가 자신의 느낌을 보다 구체화하여 정리할 수 있도록 한다. □ **시 나눔** 아름다운 길 - 홍광일 □ **과제 제시** 잠자기 전이나 혼자 머무는 시간에 '나는 기뻐. 나는 이뻐.'와 같은 힘나는 말을 하루에 몇 번씩 외쳐 주거나 '사랑해. 소중해.' 등 나에게 축복의 말 선물하기
주의사항	* 참여자들이 소망에 대해 막연한 느낌으로 표현하는 경우· 소망의 열매에 자신의 소망을 적을 때, 그 소망이 외부에서 주어지는 것이거나 가족, 친구들 등 관계에 지나치게 얽매인 소망이 아닌 나 자신을 위한 소망, 나 자신의 노력으로 이룰 수 있는 소망들을 구체적으로 발견할 수 있도록 제시한다.

　　12회기는 제2의 인생이라 말할 수 있는 중년의 삶 속에서 이루고자 하
는 소망을 구체화함으로써 삶의 목표를 새롭게 찾고, 삶의 목표에 대한
참가자들의 지지와 공감을 통해 삶의 소망을 이루기 위한 힘과 용기를
얻는다. 앞으로의 인생에서 자신의 노력으로 이룰 수 있는 소망들을 구체
적으로 적어 봄으로써 막연하게 생각했던 자신의 삶의 목표를 새롭게 발
견하고 소망을 보다 구체화하고 시각화할 수 있도록 하여, 자신이 바라는
미래의 모습을 참가자들에게 지지받을 수 있도록 하였다.

행복감 증진을 위한 예술치료 해피·아트·테라피

〈13회기〉 아름다운 '나' 꽃피우기

목표	삶에 대한 자신감 향상
기대효과	• 자신의 내면에 꽃피우고 싶은 아름다움을 발견한다. • 타인과 나의 장점을 발견하고, 지지받는다. • 긍정적인 신체상을 형성한다.
활동 개요	① 워밍업 - 새로운 나 만나기 ② 주제 활동 - 명상: 성장시키고 싶은 내면의 나의 모습 발견하기 - 습자지로 내면의 아름다움을 꽃으로 상징화하여 파트너와 함께 꾸미기 ③ 센터링 - 피어나고 싶은 꽃의 메시지 함께 나누고 축복하기 ④ 나눔
준비물	① **음악**: 주제 활동단계의 자신을 꾸며 주는 활동에서 4/4 박자의 경쾌하고 신나는 댄스 음악을 배경으로 사용한다. ② **벨리댄스치마, 가발 등 각종 꾸미기 재료**: 여러 가지 꾸미기 재료를 사용해 자신을 색다르게 연출해 봄으로써 자신 안에 있는 또 다른 모습을 자연스럽게 만나고 표현할 수 있도록 한다. ③ **천, 습자지, 가위, 고무줄, 스카치테이프**: 자신이 원하는 모습과 프로그램 과정 안에서 경험한 모습을 천과 습자지라는 도구를 이용해 상징적으로 꾸며 봄으로써 자신감 있는 감정을 창조적으로 표현할 수 있도록 한다.
구성단계	**내용**
1. 워밍업	□ **새로운 나 만나기** 꾸미기 작업을 통해 자신에 대한 새로운 모습을 긍정감으로 재발견한다. 일상적으로 접하기 힘든 가발, 벨리댄스치마 등으로 자신을 꾸며 보고 그 느낌을 자유스러운 동작으로 표현해 봄으로써 그동안 '~의 엄마, ~의 아내' 역할로 살면서 만나기 힘들었던 내 안의 '또 다른 나'를 만나볼 수 있게 하고 그 과정 안에서 자연스러운 기쁨을 일깨운다.

	□ 성장시키고 싶은 내면의 나의 모습 발견하기 명상을 통해 자신감 있게 성장한 나의 모습을 그려 본다. 지도자의 진행 예시 *그동안 용기가 없어서 혹은 '이제 와서 그런 것들이 뭐가 필요해.' 라는 생각으로 묻어 두었던 정말 원하는 나의 모습, 꽃피우고 싶은 나의 모습들, 더 건강한 나, 더 행복한 나는 어떤 모습일지 바라는 나의 모습에 집중해 봅니다.* *나의 소망들이 만개할 수 있는 풍요롭고, 또 화사하게 꽃피어진 아름다운 나의 모습을 내 눈앞에 그려 봅니다.* *한 단계 더 성장하고 더 커진 나의 모습, 기쁨의 에너지가 충만할 수 있는 나의 모습을 눈앞에 그려 봅니다.* □ 습자지로 내면의 아름다움을 꽃으로 상징화하여 파트너와 함께 꾸미기 명상에서 떠오른 이미지를 확장할 수 있도록 천, 습자지 등의 도구를 사용하여 자신을 꾸며 본다. 이 과정을 통해 새로운 나를 만나 자신 안에 있는 힘을 발견하고, 참가자들과 이를 움직임으로 함께 나누며 기쁨의 에너지를 경험한다.
2. 주제활동	
3. 센터링	□ 피어나고 싶은 꽃의 메시지 함께 나누고 축복하기 주제 활동을 통해 역동적으로 경험했던 것들이 보다 실질적으로 와 닿을 수 있도록 자신이 원하는 꽃의 이미지를 자신만의 당당한 포즈와 함께 '나는 ～한 꽃이야.'라고 자신감 있게 외치며 한 단계 더 성장한 나를 느낀다. 지도자의 진행 예시 *잠시 내가 어떤 꽃이 되고 싶으신지 생각하시고요. 그 꽃의 이미지를 충분히 느끼시면서 무대로 입장해 주세요. 아 순간만큼은 꽃이 되어 당당한 포즈와 함께 '나는 ～한 꽃이야.' 라고 외쳐 주시고 모두 함께 박수와 환호로 맞아 주세요.*
4. 나눔	모든 참가자들이 각자 바라는 아름다운 꽃의 모습으로 만나 서로 축복의 인사를 전하며 자신감 있는 기쁨의 에너지를 확장하고, 경험하고 느낀 것들을 함께 나눔으로써 자신의 감정을 구체화하며 실생활에서도 그러한 모습으로 살아갈 수 있도록 동기를 부여한다.
주의사항	* 꾸미기 활동 시 의미의 제시가 필요 습자지와 천을 사용하여 파트너와 함께 꾸며 주기를 할 때 예쁘게 잘 만드는 것이 목적이 아니라 그 안에 파트너가 원하고 꿈꾸는 꽃의 의미가 담길 수 있도록 활동의 목적에 대해 언어적으로 전달한다.

13회기는 자신의 내면에 꽃피우고 싶은 아름다움과 장점을 발견하고, 지지받는 과정을 통해 삶에 대한 자신감을 향상시키는 것을 목표로 하였다. 꾸미기 작업을 통해 자신에 대한 새로운 모습을 긍정감으로 재발견하

행복감 증진을 위한 예술치료 해피·아트·테라피

도록 하였다. 참가자들은 일상적으로 접하기 힘든 가발, 습자지 등의 다
양한 재료를 이용하여 창조적인 방법으로 자신을 꾸며 보고 꽃이라는 이
미지로 표현해 봄으로써 그동안 엄마, 아내, 며느리 등의 다양한 역할로
살아오면서 돌보지 못했던 내 안의 '진정한 나'를 만나 볼 수 있는 경험
으로 체험하였다.

〈14회기〉 나는……다

목표	나와 타인의 고유한 아름다움 발견
기대효과	• 나의 고유한 정체성을 발견한다. • 현재의 나의 모습을 인지적, 감정적으로 탐색한다. • 나의 고유한 몸짓을 발견하고 지지를 받는다.

활동 개요	① 워밍업
	  – 에그셰이커 리듬으로 표현하는 '나'
	  – '나는……다' 문장 완성하기
	② 주제 활동
	  – 사랑의 고리로 축복하기
	  – 아름다운 나와 우리의 모습 발표하고 감상하기
	③ 센터링
	  – 서로에 대한 느낌 나눔
	④ 나눔
	  – 시 나눔: 당신은 정말 소중한 사람
	  – 과제 제시 나눔: 프로그램 체험 소감 설문

준비물	① **음악**: 주제 활동단계 중에 사랑의 고리로 축복하기 활동에서 축복하는 느낌에 집중할 수 있도록 편안한 느낌을 주는 음악을 배경으로 사용한다. ② **에그셰이커**: 나에 대한 이야기를 처음부터 몸짓으로 표현하는 것이 어색할 수 있으므로 쉽게 표현할 수 있는 도구로 활용한다. ③ **종이, 펜**: 나에 대한 다양한 느낌들을 자유롭게 기록하는 데 활용한다.
구성단계	**내용**
1. 워밍업	□ **에그세세이커 리듬으로 표현하는 '나'** 처음에는 에그셰이커 소리를 한 사람씩 돌아가며 각자의 리듬으로 만들어 표현하고 참가자들이 함께 호응한다. 두 번째는 '나는……다'라는 문장 안에 비유적인 표현으로 나에 대해 표현하고 싶은 언어적인 표현과 함께 각자의 리듬으로 표현하고 참가자들도 함께 호응한다. □ **'나는……다' 문장 완성하기** '나는……다'라는 5개의 문장을 완성하는 과정에서 나에 대한 다양한 느낌과 감정을 새롭게 발견하고, 그 느낌을 움직임으로 함께 확장하여 표현한다.

행복감 증진을 위한 예술치료 해피·아트·테라피

2. 주제활동	**□ 사랑의 고리로 축복하기** 두 명씩 파트너를 정해 사랑의 고리라는 이미지로 서로를 빛나는 존재로 느껴지도록 몸짓으로 지지적인 대화를 나눈다. **□ 아름다운 나와 우리의 모습 발표하고 감상하기** 3~4명씩 그룹을 지어 사랑의 고리를 확장하여 표현함으로써 무대 위의 주인공이 된 것 같은 느낌을 받도록 환경을 조성하고 참가자들은 서로의 아름다운 모습을 지지적인 태도로 감상한다.
3. 센터링	나와 우리가 표현하고 발견한 새로운 경험과 느낌에 대해 바라보며 어떤 것들이 발견되고 느낌으로 남아 있는지 긍정적인 관점으로 잠시 머물러 본다.
4. 나눔	나와 우리의 아름다운 모습을 감상하면서 새롭게 경험하고 발견한 느낌에 대해 서로가 소중한 존재로서 느껴지도록 지지적인 나눔으로 함께 나눈다. **□ 시 나눔** 당신은 정말 소중한 사람 – 오광수 **□ 과제 제시** 프로그램 참여 평가서를 작성하며 그동안 자신의 변화와 느낌 정리하기
주의사항	* 움직임으로 창조적 표현활동 적용 시 점진적인 제시가 필요 중년여성들에게 몸짓을 이용하여 창조적인 방법으로 내적인 느낌을 표현하는 활동이 자칫 어렵거나 부담스러울 수 있으므로 지도자는 참여자들이 표현할 수 있는 수준을 고려하여 점진적인 과정의 순서로 제안하여야 한다.

14회기는 현재의 내가 느끼는 나의 모습을 인지적, 감정적으로 탐색한다. 나에 대해 발견한 다양한 언어적 표현을 몸짓을 통해 확장함으로써 나와 타인의 고유한 내적인 아름다움을 재발견하는 것을 목표로 하였다.

'나는……다'라는 5개의 문장을 완성하는 과정에서 나에 대한 다양한 느낌과 감정을 새롭게 발견하고, 그 느낌을 움직임으로 함께 확장하여 표현하였다. 참가자들은 움직임의 표현을 통해 나와 우리의 모습을 서로 표현하고 감상하면서 자신 안에 있는 아름다운 모습을 새롭게 발견하였고 서로가 소중한 존재로서 느껴졌다고 긍정적인 피드백을 함께 나누었다.

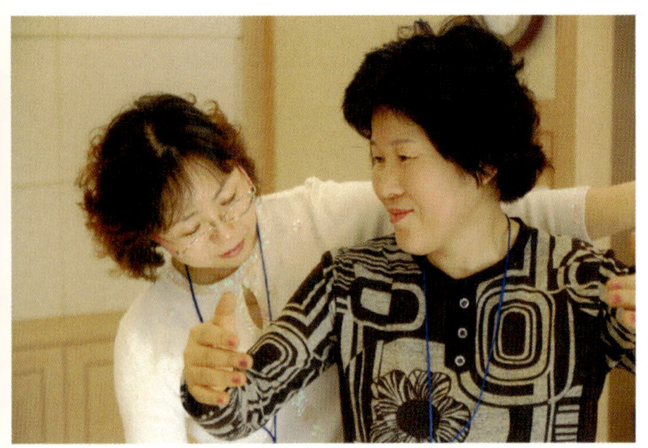

행복감 증진을 위한 예술치료 해피·아트·테라피

〈15회기〉 나에게 쓰는 편지

목표	삶에 대한 긍정감과 삶의 의지 강화
기대효과	• 세상에서 가장 소중한 나를 발견하고 감사한다. • 미래의 자신을 발견하고 지지한다. • 참여자들이 다 함께 축복의 느낌을 경험한다.
활동 개요	① 워밍업 – 긍정적으로 변화된 신체 부분 자랑하기 ② 주제 활동 – 변화된 나의 모습 만다라 그림으로 표현하기 – 명상 & 내가 나에게 해 주고 싶은 이야기 편지로 적고 나누기 ③ 센터링 – 한 명씩 돌아가며 자신에게 쓴 편지글 중 가장 힘이 날 수 있는 한 단락 읽어 보고, 힘나는 말로 축복하기 ④ 나눔
준비물	① **음악**: 주제 활동단계에서 만다라 그리기와 나에게 편지 쓰기 활동에 집중할 수 있도록 편안한 멜로디 음악을 배경으로 사용한다. ② **도화지(만다라용), 크레파스**: H.A.T. 프로그램의 활동을 통해 자신에게 있어 변화된 것들을 선과 색깔로 간단하게 표현해 보도록 한다. ③ **편지지, 펜**: H.A.T. 프로그램의 활동을 통해 새롭게 발견한 자신감 있는 모습으로 성장한 나, 다가올 미래의 나에게 하고 싶은 말들을 적어 볼 수 있도록 한다. ④ **초**: 편지글을 낭독할 때 참가자들이 수호천사가 되어 환한 촛불로 희망을 앞길을 밝혀 주도록 한다. ⑤ **파도 천**: 자신에게 쓴 편지글을 낭독한 후 한 명씩 파도 천 안으로 들어가 나머지 참가자들이 선물해 주는 축복이 담긴 천의 움직임과 함께 힘나는 말을 들으며 성장한 나로서 기쁘게 세상을 맞이할 수 있는 힘을 다지도록 한다.
구성단계	**내용**
1. 워밍업	**□ 긍정적으로 변화된 신체 부분 자랑하기** 그동안의 H.A.T. 프로그램을 통해 가장 긍정적으로 변화되거나 새롭게 발견된 자신의 신체를 소개하는 활동을 통해 새롭게 변화된 자신을 인식하고 참가자들 간에 서로 발견해 주고 축하한다.
2. 주제활동	**□ 변화된 나의 모습을 만다라로 표현하기** 가운데 원이 그려진 흰 도화지 위에 프로그램을 경험하기 전의 나의 모습과 프로그램을 경험한 이후 변화된 자신의 모습을 색깔과 선으로 나타내 보게 함으로써 그동안의 경험들을 재정리해 보도록 한다. **□ 명상 & 내가 나에게 해 주고 싶은 이야기를 편지로 적고 나누기** 명상의 과정에서 그동안의 H.A.T. 프로그램을 통해 성장한 현재의 나와 더 행복하고 건강한 미래의 나를 떠올리도록 하고, 나에게 하고 싶은 말들을 편지에 써 본다. 자발적으로

	원하는 참가자는 자신에게 쓴 편지를 낭송하게 하고 참여자들 중에 수호천사의 역할을 맡은 몇몇 사람은 촛불을 들고 발표자를 에워싸서 경건한 분위기를 만든다. **지도자의 진행 예시** *내가 바라는 나의 모습은 어떤 모습인지. 내가 진정으로 행복하게 환하게 웃을 수 있는 모습은 어떤 모습일지 머릿속에 그려 봅니다. 과거의 나도 소중한 사람이고, 지금 이 순간 이 자리에 있는 나도 소중한 나 자신입니다. 나는 그동안 몇 차례 이곳에서 새로운 나를 만날 수 있었습니다. 앞으로 만날 소중한 나에게 해 주고 싶은 이야기가 있다면 지금 잠시 떠올려 주시기 바랍니다.*
3. 센터링	□ 한 명씩 돌아가며 자신에게 쓴 편지글 중 가장 힘이 날 수 있는 한 단락 읽어 보기 주제 활동에서 느낀 감정을 더 구체화하고 온전히 자신의 것으로 받아들일 수 있게 한다.
4. 나눔	□ 한 명씩 돌아가며 큰 천 안에서 이름을 부르며 듣고 싶은 힘나는 말로 축복해 주기 큰 천 안에서 자신감 있는 포즈로 참가자들에게 가장 듣고 싶은 힘나는 말을 들으며 희망과 기쁨의 에너지와 한층 더 확장된 긍정적 에너지를 느끼도록 한다. 프로그램 안에서 경험한 것들을 함께 나눔으로써 자신의 감정을 구체화하고 자신감 있게 성장한 나를 만나며 실생활에서도 그러한 모습으로 살아갈 수 있도록 준비하게 한다.
주의사항	* 안전상의 주의 촛불과 같이 화재나 사고의 위험이 있을 시에는 안정상의 문제에 주의를 기울이도록 한다.

15회기는 '나에게 편지를 쓰기'라는 주제 활동을 통해 세상에서 가장 소중한 나에게 감사하고 미래에 대한 희망을 느낄 수 있도록 참가자들이 함께 축복해 줌으로써 삶에 대한 긍정감과 삶의 의지를 강화하는 것을 목표로 하였다. 주제 활동의 초기에는 만다라 작업을 통해 H.A.T. 프로그램을 경험하기 전의 나의 모습과 프로그램을 경험한 이후의 변화된 자신의 모습을 색깔과 선으로 나타내 보게 함으로써 그동안의 경험들을 재정리해 보도록 하였다. 이어서 명상을 통해 지금까지 노력해 온 현재의 나와 앞으로 만나고 싶은 미래의 나에게 하고 싶은 말들을 진솔하게 편지글로 써보도록 하였다. 이 과정을 통해 참가자들은 자신의 성장에 대한 의지를 나타내었고 앞으로의 삶에 대한 희망적인 기대감을 함께 표현하고 나누었다.

〈16회기〉 행복을 나누어요

목표	활동 동영상 감상 및 소감 나눔
기대효과	• 참여 소감을 최종적으로 나눈다. • 성숙한 나로 나아가기 위한 용기와 자신감을 얻는다. • H.A.T.의 경험을 삶으로 통합하도록 격려하고 촉진한다.
활동 개요	① 워밍업 　-H.A.T. 프로그램 동영상 감상과 나눔 ② 주제 활동 　-프로그램 참여 소감 나눔 ③ 센터링 　-따뜻한 포옹 나누기 ④ 나눔 　-행복 수료식 　-설문지 작성 　-시 나눔
준비물	① H.A.T. 동영상: 본 연구의 H.A.T. 프로그램 참가자들의 활동 영상 ② 설문지

구성단계	내용
1. 워밍업	□ H.A.T. 프로그램 동영상 감상과 나눔 그동안 H.A.T. 프로그램에 참여했던 참가자들이 모두 주인공이 되어 서로의 아름다운 모습과 나눔의 소중한 순간들을 다시 기억하며 프로그램의 의미를 다시 떠올리고 되새길 수 있도록 한다.
2. 주제활동	□ 프로그램 참여 소감 나눔 참가자들이 지난주에 과제로 준비해 온 프로그램 평가, 소감을 중심으로 그동안 H.A.T. 프로그램에서 경험하고 발견했던 삶과 행복에 대한 중년기의 의미에 대해 참가자들이 주도적으로 서로 격려하고 따뜻함을 전하는 나눔의 시간을 갖는다.
3. 센터링	그동안 소중한 나눔으로 함께해 준 참가자들과 나, 주변의 소중한 사람들에게 사랑의 마음을 따뜻한 포옹으로 전하기
4. 나눔	□ 행복 수료식 중년의 삶을 향해 다시 출발하는 마음: 참가자들 서로가 감사와 축복의 마음을 전하며 프로그램을 최종적으로 마무리한다. □ 설문지 작성 □ 시 나눔 지금 그 자리에 행복이 있습니다.
주의사항	* 일상에서의 지속적 실천 제안 H.A.T. 경험이 단순한 체험으로 끝나지 않도록 H.A.T. 경험들을 일상에서 연속성 있게 경험할 수 있도록 끊임없는 노력과 실천에 대한 중요성을 전한다.

행복감 증진을 위한 예술치료 해피·아트·테라피

16회기는 그동안 H.A.T. 프로그램에 참여했던 참가자들의 활동 모습에 대한 동영상을 감상하며 그동안의 참여 느낌을 최종적으로 나누고, 집단원 간의 지지와 축복을 통해 한층 더 성숙한 나로 나아가기 위한 용기와 자신감을 얻는 것을 목표로 하였다. 이 회기에서는 그동안 활동했던 H.A.T. 동영상을 보며 프로그램에 참여했던 참가자들이 모두 주인공이 되어 서로의 아름다운 모습과 소중한 순간들을 다시 기억하고 프로그램의 의미를 다시 떠올리고 되새길 수 있도록 프로그램의 전반적인 참여 소감을 나누도록 하였다. 또한 중년의 삶을 향해 다시 출발하는 마음을 갖도록 다 함께 힘찬 사랑의 메시지를 외치며 행복 수료식을 진행하였고, 설문지를 작성하는 것으로 16회기 프로그램 활동을 최종적으로 종료하였다.

● 4. 프로그램의 예비실시와 평가

1) 프로그램 예비실시

(1) 예비실시 연구대상

구성된 프로그램을 예비연구로 실시하기 위하여 2008년 9월 22일부터 10월 초까지 (사)다솜여성가족문화예술협회 홈페이지를 통해 서울시에 거주하고 있는 40~59세의 중년여성을 대상으로 홍보하였다. 홍보 시 프로그램 진행 일정과 중년여성의 행복감 증진을 위한 프로그램 연구라는 점을 명시하였다. 본 연구에 자발적으로 참가를 지원한 대상자 중에서 H.A.T. 프로그램이나 예술치료 프로그램의 경험이 없고, 정해진 일정에 참가가능한 대상자 13명을 선착순으로 선발하였다. 13명의 참가자 중 2명은 프로그램 진행 중 중도 탈락하여 제외하고 최종적으로 11명을 예비실시 대상으로 하였다.

(2) 프로그램 예비실시 운영 절차

프로그램의 예비실시 기간은 2008년 10월 13일부터 12월 1일까지 주 2회씩 8주 동안 총 16회기를 실시하였으며, 매 실시 시간은 90분이었다. 실시 장소는 (사)다솜여성가족문화예술협회의 문화공간에서 진행하였다. 프로그램의 지도는 3년 이상의 예술치료 상담 실무경력과 상담관련 자격을 소지한 2인과 예술치료 프로그램 4년 실무경력의 상담학 석사 1인의 보조 지도자 3인이다. 그리고 예술치료학 상담 10년 경력의 예술치료학 석사인 본 연구자가 책임 지도자로서 매 회기 지도하였다.

(3) 프로그램 평가회의와 내용타당도 검증

프로그램의 수정, 보완을 위해 2008년 10월 15일부터 12월 3일까지 실험처치 기간인 8주 동안, 매주 수요일마다, 4시간씩, 총 32시간에 걸쳐 (사)다솜여성가족문화예술협회의 문화공간에서 전문가 평가회의를 실시하였다. 평가회의 실시과정은 촬영한 동영상을 시청하면서 프로그램 활동에 대한 다양한 자료를 다각도로 분석하였고, 프로그램 내용 구성의 적합성과 프로그램 실시방법의 평가와 수정사항을 분석하기 위해 전문가 6인이 매주 평가회의에 지속적으로 참여하였다.

평가회의의 진행을 총괄한 본 저자는 예술치료와 상담자격 소지자로서 예술치료 상담지도 경력 10년의 예술치료학 석사이고, 회의에 참여한 전문가 5인은 3년 이상의 예술치료실무 경력자로서 석사학위와 상담사 자격을 갖춘 전문가로 구성하였다. 회의 진행과정에서 전문가들은 자유로운 토론의 형태로 평가의견을 나누었고, 회의 내용을 매회 기록하였다. 또한 프로그램 예비실시 종료 후에 추가적인 평가를 위해 정신과 전문의 1인, 심리학 박사 1인, 여성 상담학 박사 1인에게 연구자가 프로그램의 결과자료를 취합하고 개별적으로 방문하여 내용타당도 및 프로그램의 수정사항에 대해 각각 자문을 받았다. 9인의 전문가에 의한 프로그램 평가과정에서 취합된 자료를 최종적으로 연구자가 종합하고 요약하였다.

H.A.T. 프로그램의 회기별 구성의 내용타당도를 검증받기 위해 전체

프로그램 내용을 각 회기 활동내용으로 세분화하여 구성한 후, 각 회기의 목표에 따라 프로그램의 내용과 활동의 타당성 여부를 9명의 전문가 집단이 평가하였다. 평정점수는 각 활동내용에 대해 Likert 5점 척도로 평가하였다. 변외진(2006)이 중년여성의 자아정체감 증진을 위한 프로그램 개발과정에서 적용한 내용타당도지수(Content Validity Index: CVI)를 이용하여 프로그램의 내용타당도를 평가하였다.

H.A.T. 프로그램은 각 회기별 목표에 맞게 구성한 64개 각 단위활동에 대해 적합성을 평가하도록 하였다. 평정점수는 '매우 적합하다'(5점), '적합하다'(4점)에 평정한 점수의 합은 2,205점이고, 1에서 5점까지 평정한 총 합산점수는 2,484점이어서 내용타당도지수는 CVI가 0.89이었다. 이 점수는 H.A.T. 프로그램의 내용 구성이 프로그램의 목표에 맞도록 적합하게 구성이 되었음을 나타낸다.

2) 프로그램 평가 및 수정사항

9명의 전문가 회의를 통한 예비 프로그램 실시 평가 및 수정사항은 <표 2-6>과 같다.

행복감 증진을 위한 예술치료 해피·아트·테라피

〈표 2-6〉 예비 프로그램의 평가 및 수정사항

회기	평가	수정사항
1 2	- 전반적으로 낯설어하지 않고 프로그램에 대한 기대감이 높음 - 파트너 소개하기 활동에서 모델링을 해 주지 않고 처음부터 참가자들이 직접 체험하게 하여 혼란스러운 부분이 있었음	- 조각상 만들 때 지도자가 참가자 한 명과 모델링을 보인 뒤 한 팀씩 돌아가며 조각상 만들기 체험하며 힘나는 말을 듣게 하는 것으로 수정
3	- 서로의 얼굴을 그려 주고 좋은 말들을 선물로 적어 주는 과정을 통해 참가자들 간에 신뢰감이 형성될 수 있어 좋았음 - 워밍업 부분에서 너무 리더 주도적으로 진행돼 참가자들의 자발적 반응이 떨어짐 - 서로의 얼굴을 그려 주는 과정에서 몇몇 참가자는 그림에 대한 부담감을 보임	- 인식 부분에서 리더가 참가자들에게 일상적인 화제 등의 질문을 던져 참가자들의 반응을 자연스럽게 이끌도록 수정 - 서로의 얼굴을 그려 줄 때 얼굴을 잘 그리는 것이 목적 아니고 서로 교류하는 것이 목적임을 강조하는 쪽으로 변경
4 5	- 작품을 공간에 전시하고 소개하는 시간에 지지적인 분위기가 형성돼 좋았음 - 워밍업 진행 시 악기를 풀어 놓고 참가자들의 반응을 이끌었을 때 참가자들이 소극적으로 반응하였음	- 악기를 풀어 놨을 때 리더가 참가자들의 모습이나 반응에 적극적으로 반응해 주도록 수정 - 악기로 자신을 표현하게 할 때 참가자들이 다양한 악기의 소리에 충분히 익숙해지도록 수정
6	- 전반적으로 재미있고 유쾌하였음 - 움직임이 많은 주제 프로그램에서 참가자들이 양말을 신은 상태에서 참여하다 보니 안전상 위태로웠음 - 뿅망치 치며 소리 지를 때 어색해하는 참가자들도 있었고 신문지 격파 시 활동할 수 있는 범위가 좁게 느껴짐	- 역동적인 활동에서 지도자가 참가자들의 안전상 문제에 대해 적극적으로 유의하도록 제시함(예: 바닥이 미끄러울 때 양말을 벗고 활동하도록 제시함) - 뿅망치 치며 소리 내기 활동 시 다 함께 소리와 함께 표현하도록 하고, 신문지 격파 시 다양한 방법으로 제시하도록 함
7	- 워밍업 진행 시 지도자가 주제와 상관없이 기능적인 차원으로 접근하였고, 시간배분이 효율적이지 않음 - 명상을 통해 자신의 스트레스 요인에 대해 떠올리게 한 점이 자연스러웠고 효과적이었음	- 워밍업 진행 시 주제 활동을 이끌어 낼 수 있도록 지도자의 접근 방법을 수정함 - 단계별 배분 시간을 효율적으로 재구성하였음(예: 명상 시 떠오른 자신의 스트레스 요인에 대해 간단하게 글로 적는 시간을 2분으로 시간제한을 두는 방식으로 변경)
8 9	- 리더의 추억을 떠올리는 명상에서의 제시어가 구체적이어서 좋았음 - 경제적으로 안정적이고 연령대가 중년의 후반에 접어든 배경적 특성을 봤을 때 자신을 만나는 작업에서 환경적인 틀이 작용함	- 명상이나 주제 프로그램 진행 시 내가 주체가 되어 행복한 순간을 떠올릴 수 있게 하였으며 중년기에 맞이할 수 있는 여러 가지 상황에 대한 사례를 들어 주는 방식으로 변경

회기	평가	수정사항
10	- 고요하게 자신의 과거, 현재, 미래를 만날 수 있어 좋았음 - 등대기 시 참가자들의 자세가 불편해 보였음 - 나의 위치를 탐색한 후 나눌 때 참가자들이 자신에 대해 이야기하기보다는 파트너에 대해 주로 이야기해 주었음 - 과거의 나를 바라보는 시간이 너무 길었음	- 등대기 시 참가자들에게 서로 불편하지 않게 배려하면서 자세를 취해 주기를 언어로 제시하도록 수정 - 파트너보다 자신에 집중할 수 있는 분위기로 유도하며 과거, 미래, 현재의 나를 만나는 과정에서도 시간배분에 구조화를 주는 방식으로 변경
11 12	- 워밍업 부분 진행 시 리더가 참가자들의 반응을 잘 읽어 주지 못하고 참가자들이 기다리는 시간이 빈번히 생김 - 워밍업과 주제의 발전단계가 동떨어진 느낌이 들었음 - 나무의 느낌이 구체화되지 않아 아쉬움	- 리더가 자연스럽고 편안하게 워밍업 부분을 진행한 점이 달라짐 - 워밍업 부분에서의 싹이 돋아나고 나무로 성장하는 움직임과 주제의 발전단계에서 소망의 나무 작업이 자연스레 연결되었고 리더의 구체적인 제시로 인해 나무의 느낌이 확장될 수 있도록 변경
13 14	- 꾸미기 등 참가자들의 자발적 반응을 이끌어 내야 하는 인식 부분에서 리더가 자연스럽게 유쾌한 분위기를 유도한 점이 좋았음 - 워밍업 부분에서 참가자들의 흥이 한참 올라왔는데 리더가 그 부분을 잘 헤아리지 못하고 주제로 빨리 넘어간 부분이 아쉬웠음 - 자신이 바라는 꽃의 모습을 떠올리는 명상 부분에서 참가자들에게 눕는 자세를 취하게 하였는데 눕다 보니 너무 편안해져 명상에 집중하는 데 한계가 있었음	- 워밍업 부분에서 리더는 참가자들이 부담스럽지 않게 참여할 만큼 분위기를 유도하고 시간도 여유롭게 운용함 - 명상 시 참가자들에게 눕는 자세가 아닌 앉는 자세를 취하도록 하여 집중력을 높일 수 있도록 함
15 16	- 주제에 집중할 수 있게 처음부터 끝까지 편안한 분위기가 조성돼 좋았음 - 참가자가 편지를 낭독할 때 리더가 관람자처럼 앉아 지켜보는 것이 참가자를 배려해 주지 않는다는 느낌 듦	- 참가자가 편지를 낭독할 때 리더가 참가자 바로 곁에서 지켜봐 주어 참가자가 보호받고 배려받는다는 느낌이 들 수 있도록 변경됨

행복감 증진을 위한 예술치료 해피·아트·테라피

제3장 H.A.T. 프로그램의 효과

.

.

.

이전의 나, 현재의 나, 미래의 나에 대한 개념이 없었다. 그냥 사는 것이라고 생각했었다. '미래의 나'는 내가 만들 수 있을 것 같다.

(H.A.T. 참여자 소감 중에서)

본 장에서는 H.A.T. 프로그램의 적용 방법과 효과 검증에 대해 살펴보았다.

1. H.A.T. 프로그램의 이해

1) 연구설계

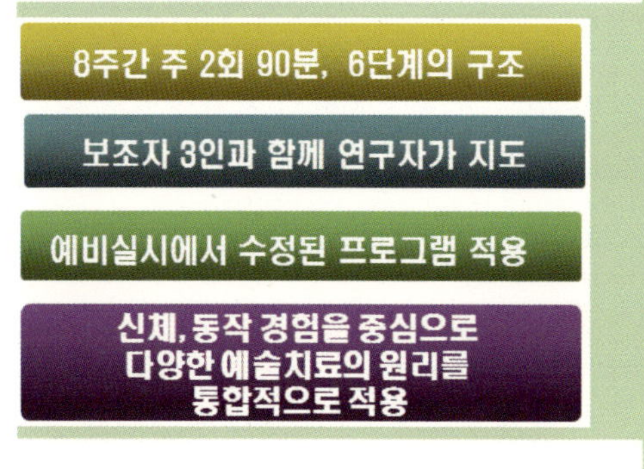

:: 연구설계

본 연구에서 프로그램의 효과를 검증하기 위해 설정한 연구설계는 이 질통제집단 전후 및 추후 검사 방법으로 실험처치의 효과를 검증하였다.

연구실시는 2008년 12월 8일부터 2009년 2월 26일까지 진행하였다. 실험집단은 2008년 12월 8일부터 2009년 1월 29일까지, 주 2회씩 8주 동안 총 16회기를 실시하였으며, 실시 시간은 매회 90분이었다. 실시 장소는 (사)다솜여성가족문화예술협회의 문화공간에서 진행하였다.

프로그램의 효과 측정을 위해 행복감 검사지와 행복의 자각 정도 검사지를 사용하였다. 실험집단은 사전, 사후 검사와 한 달 후 지속효과 측정을 위하여 추후검사를 실시하였고, 비교집단은 사전, 사후 검사를 실시하였다. 그리고 실험집단의 경우에는 행복의 자각 정도 검사지를 프로그램 실시 동안 1주 간격으로 검사하여 추후검사까지 총 9회에 걸쳐 측정하였다. 또한 실험집단은 사후 검사에서 참가자 만족도 조사를 실시하였고, 참가자 경험과정을 질적으로 분석하였다. 프로그램의 처치는 예비연구 실시를 통해 수정, 보완된 H.A.T. 프로그램을 적용하였으며, 실험설계는 다음과 같다.

	사전검사	처치	사후검사	추후검사
실험군	X1 X2	T	X1 X2 X3 X4	X1 X2
대조군	X1 X2		X1 X2	

X1 : 행복감 검사지, X2 : 행복의 자각 정도,
X3 : 참가자 만족도, X4 : 참가자 경험과정 분석,
T : H.A.T. 프로그램. 단 X2는 실험군에서 매주 측정(총 9회)

:: 실험설계

행복감 증진을 위한 예술치료 해피 · 아트 · 테라피

2) 측정도구

(1) 행복감 검사지

Ryff(1989)에 의해 개발된 행복감 척도(PWBS)를 김명소 등(2001)이 한국판으로 번안한 척도를 수정, 보완하여 사용하였다.

(2) 행복의 자각 정도

행복을 자각하는 정도를 측정하기 위해 Fordyce(1972)가 제작한 11단계 단 문항 적도인 Happiness Measures(HM)을 유상란(1988)이 번안한 것으로 사용하였다.

3) 자료수집 및 분석

(1) 연구대상의 동질성 검증

집단 간의 동질성 검증을 시행한 결과, 행복감 검사지의 6가지 요인, 즉 자아수용, 대인관계, 삶의 목적, 환경지배력, 개인적 성장, 자율성에서 유의한 차이가 나타나지 않아 사전 동질성이 확보되었다.

(2) 자료 분석

① 통계 분석

본 연구는 설문지의 각 문항을 점수화하여 SPSS/WIN 12.0을 사용하여
통계처리하였다.

② 질적 연구의 자료 분석

질적 연구를 위해 첫째, 다각도 분석법을 통한 주제별 범주화를 시켰
고, 둘째, 프로그램 평가를 위한 전문가 회의를 매주 1회, 8주간, 32시간
동안 실시하였으며, 셋째, 질적 연구 자료의 의미 분류 검토를 위한 전문
가 검증을 실시하였다.

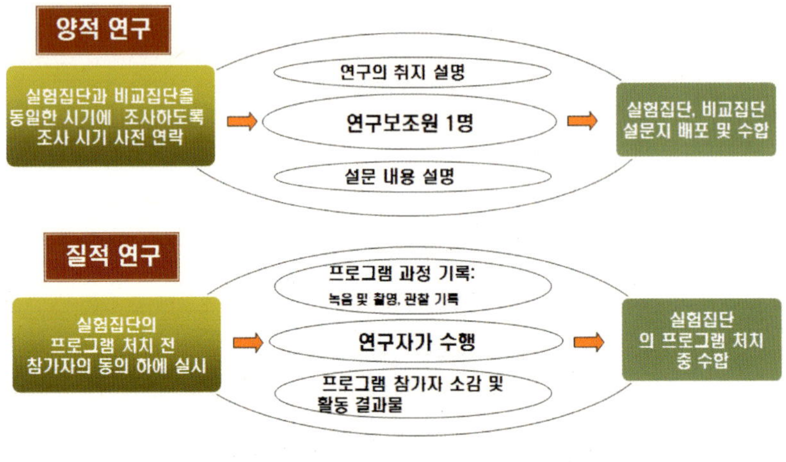

:: 조사의 절차

● 2. H.A.T. 프로그램의 효과

1) 행복감 증진

(1) 행복감의 6가지 요인의 결과

중년여성의 행복감 증진을 위한 H.A.T. 프로그램이 행복감의 6가지 요인, 즉 긍정적 대인관계, 자아수용, 환경지배력, 자율성, 삶의 목적 그리고 개인의 성장에 대한 실험집단과 비교집단 간의 차이 검증의 결과는 다음과 같다.

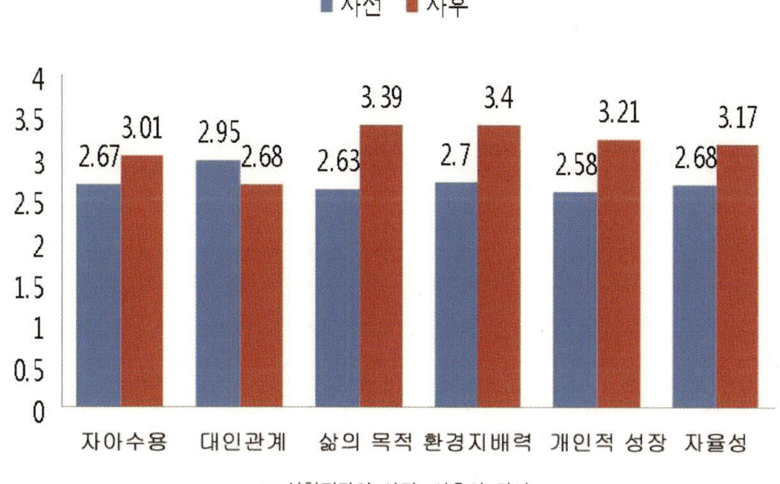

:: 실험집단의 사전, 사후의 차이

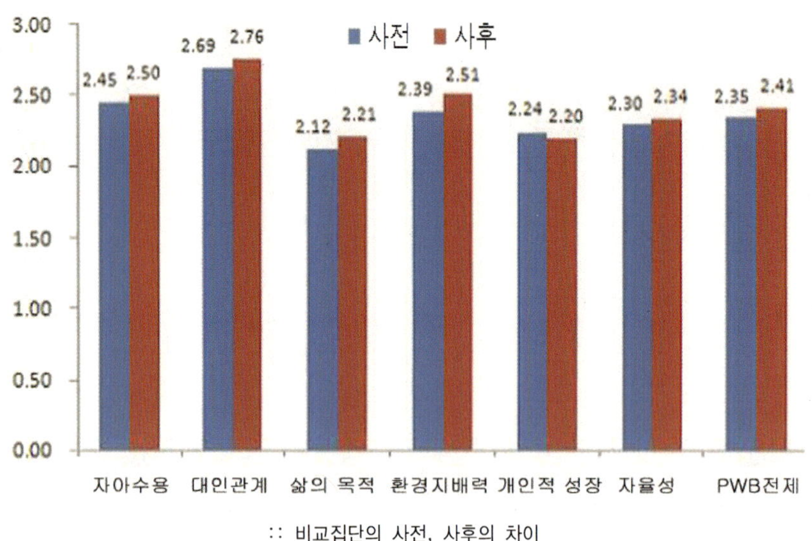

:: 비교집단의 사전, 사후의 차이

그래프에서 보면 실험집단과 비교집단의 사전, 사후 검사에서 실험집단은 행복감의 6가지 하위요인인 대인관계, 자아수용, 환경지배력, 자율성, 삶의 목적, 개인적 성장에 긍정적인 영향을 미친 것으로 나타났고 비교집단에서는 유의한 차이가 나타나지 않았다.

(2) 행복감에 대한 실험집단의 사전 – 사후 – 추후검사 비교

행복감에 대한 실험집단의 사전, 사후 및 한 달 후 지속효과 검사의 결과는 다음과 같다.

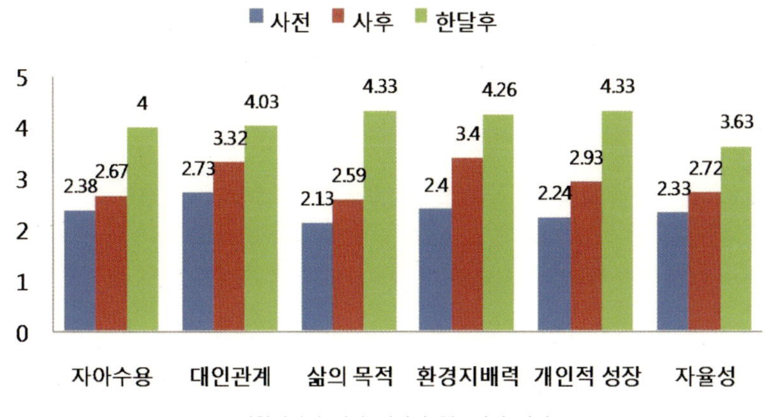

:: 실험집단의 검사 시기별 행복감의 차이

그래프에서 보면 행복감의 모든 요인에서 H.A.T. 프로그램이 사후 지속효과에 긍정적인 영향을 미친 것으로 나타났다.

2) 행복의 자각 정도

(1) 행복의 자각 정도에 대한 실험집단과 비교집단의 사전－사후 검사비교

행복의 자각 정도를 측정하는 행복의 강도와 빈도 검사에 대한 실험집단과 비교집단의 사전－사후 검사 결과는 다음과 같다.

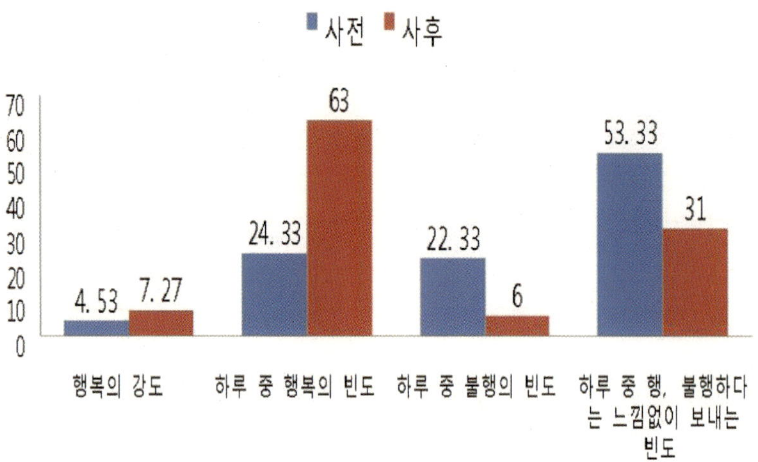

:: 실험집단의 사전, 사후 차이

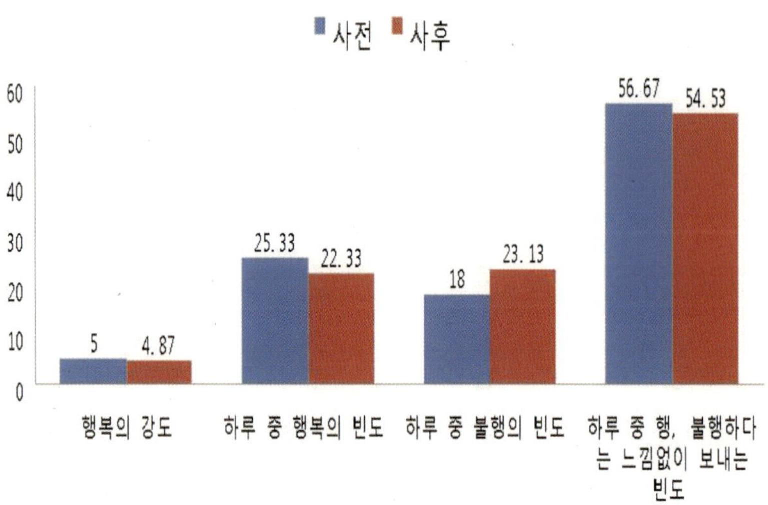

:: 비교집단의 사전, 사후 차이

그래프에서 보면 실험집단의 전, 후에 실시한 행복의 강도와 빈도 검사

행복감 증진을 위한 예술치료 해피·아트·테라피

는 통계적으로 의미가 있는 것으로 나타났고, 비교집단의 경우에는 사전, 사후에 행복에 대한 빈도와 강도에 대해 유의미한 변화가 없는 것으로 나타났다.

행복을 느끼는 강도의 경우 10점 최고 점수 기준에서 실험집단은 4.53에서 7.27로 사전에 비해 사후가 증가하였고, 비교집단은 5.00에서 4.87로 사전에 비해 사후가 유의미한 차이 없이 감소하는 것으로 나타났다.

실험집단의 경우 하루 중 행복을 느끼는 빈도는 사전 24.33에서 사후 63.00로 증가하였고, 비교집단은 사전 25.33에서 22.33으로 유의미한 차이 없이 감소하는 것으로 나타났다. 하루 중 불행을 느끼는 빈도에서 실험집단은 사전 22.33에서 사후 6.00으로 유의미하게 감소하였고, 비교집단은 사전 18.00에서 사후 23.13으로 유의미한 차이 없이 증가한 것으로 나타났다. 하루 중 행·불행에 대한 느낌이 없이 보내는 시간의 빈도에서는 실험집단은 사전 53.33에서 사후 31.00으로 감소하였고, 비교집단은 사전 56.67에서 54.53으로 유의미한 차이 없이 감소한 것으로 나타났다. 즉 H.A.T. 프로그램을 적용한 실험집단은 행복의 강도와 하루 중 행복을 느끼는 시간의 증진에 매우 효과가 있는 것으로 나타났으나 비교집단의 경우에는 행복의 자각 정도에 큰 변화가 없는 것으로 나타났다.

(2) 행복의 자각 정도에 대한 실험집단의 8주 검사 결과

실험집단에서 주 2회씩 프로그램을 적용한 후 8주 동안 매주 참가자들이 자각한 행복의 강도와 빈도에 대한 결과는 다음과 같다.

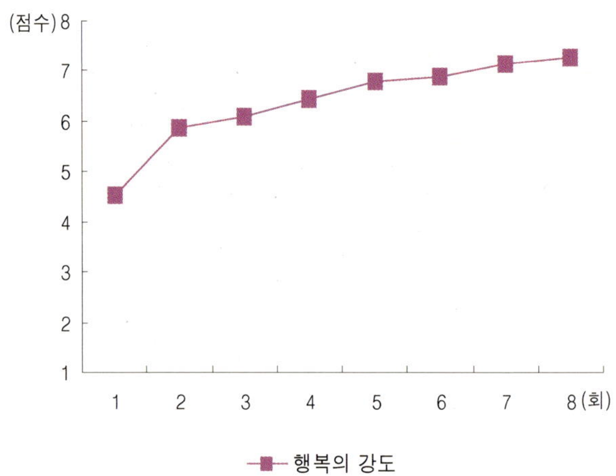

:: 행복의 강도

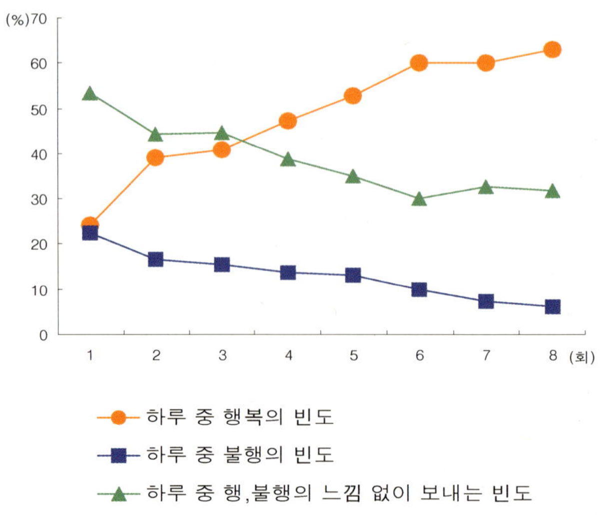

:: 행복의 빈도

행복감 증진을 위한 예술치료 해피·아트·테라피

결과를 구체적으로 살펴보면, '행복의 강도'는 첫 시간에 가장 낮고 마지막 회기에 가장 높았다. 또한 '하루 중 행복을 느끼는 빈도'는 1회가 가장 낮고 8회가 가장 높았다. '하루 중 불행하다고 느끼는 빈도'는 1회가 가장 높았고 8회가 가장 낮았다. '하루 중 행·불행에 대한 느낌 없이 보내는 빈도'는 첫 시간에 가장 높았으나 마지막 회기에는 가장 낮게 감소했다. 즉 H.A.T. 프로그램을 통해 참여자들의 행복에 대한 강도가 점진적으로 높아 갔으면 불행에 대한 자각은 감소하였고, 행복감을 더 많이 느끼게 되도록 긍정적인 영향을 미친 것을 알 수 있었다.

(3) 행복의 자각 징도에 대한 실험집단의 사진 – 사후 – 추후검사 비교

행복의 자각 정도에 대한 실험집단의 사전, 사후 그리고 한 달 후 지속 효과의 검사 결과는 다음과 같다.

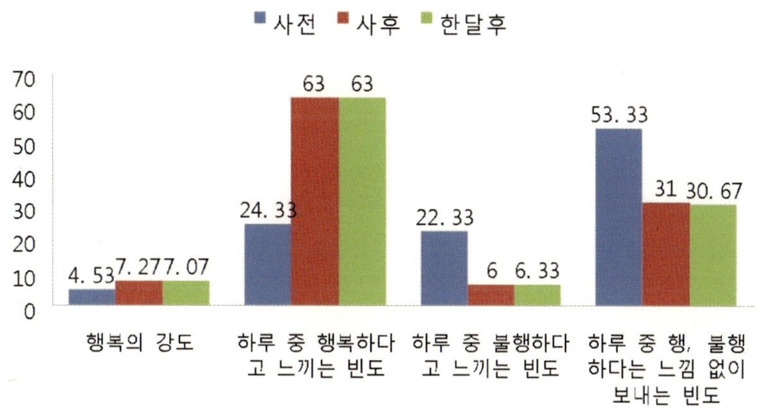

:: 실험집단의 사전 – 사후 – 추후 검사에 따른 행복자각 정도의 차이

실험집단에 H.A.T. 프로그램을 적용하고 사전, 사후, 추후 검사를 한 결과, 실험집단 참가자들의 행복의 자각 정도는 모두 통계적으로 의미가 있는 것으로 나타났다.

3) 참가자들의 H.A.T. 프로그램 경험담

H.A.T. 프로그램의 효과에 대한 질적 조사를 위해 프로그램 회기별 기록 내용, 비디오 촬영과 녹음에 대한 분석자료 및 지도자와 참관자의 활동 관찰 일지를 작성하였다. 이를 토대로 행복감의 6가지 요인별로 프로그램 경험에 대한 의미 있는 진술을 찾아서 의미 단위로 묶고 핵심적인 진술 내용에 대해 기술하였다.

또한 참가자들은 H.A.T. 프로그램에 참가하면서 프로그램 활동 장면이나 프로그램을 경험하는 과정 동안 일상에서의 변화 중에 공통적으로 또는 인상적으로 겪었던 경험들, 즉 프로그램의 효과라고 할 수 있는 경험과 구체적인 진술 내용을 예로 제시하였다.

(1) 긍정적 대인관계 형성의 변화

긍정적 대인관계 형성이란 타인과 따뜻하고 만족스럽고 신뢰 있는 관계를 가지는 것을 의미한다. 본 프로그램의 긍정적인 대인관계 형성을 위한 활동에서의 세부목표는 친밀감, 공감 경험과 신뢰할 수 있는 관계 형성 및 타인에 대한 따뜻한 관심의 형성이었는데 이를 증진시킬 목적으로 실시한 활동 결과 참여자들은 긍정적인 대인관계 형성에 대하여 변화를

행복감 증진을 위한 예술치료 해피 · 아트 · 테라피

지각하고 있음이 나타났다.

① 친밀감, 공감

본 연구에 참여한 참가자들의 대부분은 중년기를 보내고 있는 여성이라는 공통점 외에는 처음 만나는 사람들이어서 프로그램 초기에는 서로에게 자신을 표현하거나 다가가는 것을 어색해하고 관계 안에서 긴장된 모습을 나타내었다. 그러나 프로그램 초기의 관계 형성을 목적으로 한 프로그램을 경험하면서 참가자들은 중년여성이라는 서로의 공통점에 대해 공감하고 조금씩 다른 참여자들에게 자신의 마음을 나누고 친밀감을 경험하였고, 프로그램 활동 시간뿐만 아니라 일상에서 가족을 비롯한 주변인들과의 관계에까지 긍정적인 변화가 일어나고 있다고 인식하였다.

달메: 안아 주고 서로 안마해 주는 등 여러 가지 신체접촉을 통해. 적극적인 표현이 관계를 부드럽게 하고 마음을 전달하는 데 크게 도움이 된다.

KS: 대부분의 중년여성들이 비슷한 자아 상실감을 느끼고 있음을 알게 되었고, 모든 사람들은 타인의 따뜻한 관심과 배려를 목말라 한다는 사실을 깨달았어요.

나목: 짝을 지어 신체적 접촉을 통해 서로의 친밀감을 나타내는 프로그램의 경험은 상대방의 행복을 진심으로 빌어 주고. 저도 받는 소중한 시간이었습니다. H.A.T. 프로그램을 할 때뿐만이 아니라 일상에서 가족들이나 이웃을 만날 때도 그 마음을 그대로 전하게 되는 것 같습니다.

비타: 누군가에게 나눔을 같이했다는 것이 즐겁고 행복했어요.

인순이: 동성끼리도 서로에게 몸이 밀착되는 것을 매우 쑥스러워했었는데. 이 프로그램에서 짝꿍하고 많은 스킨십을 가졌기 때문에 좀 자연스러워진 것 같다. 좀 더 적극적으로 친밀감을 표현할 수 있을 것 같다.

거울: 배운 것을 가족들에게도 실천해 가며 노력한 결과 가족 분위기가 더 친근해졌다.

② 타인에 대한 관심 증가

H.A.T. 프로그램을 통해 관계 안에서의 갈등 상황이나 타인에 대한 부정적 느낌들을 긍정적인 관점으로 전환함으로써 타인에 대해 좀 더 따뜻한 관심과 대인관계에서 적극적인 태도를 갖게 되었다.

달메: 특히 자녀와의 관계에 있어서 큰 영향을 받았다. '안 돼, 하지 마.'라는 말을 안 하게 되었다. 있는 그대로 인정해 주고 늘 사랑하고 있음을 느끼게 해 주려고 하게 되었다. 내가 변하니 고2 큰아들의 표정이 밝아지고 말수도 늘었다.

KS: 남의 아픔을 나의 아픔으로 바라보고 진심을 담아 상대방과 관계할 수 있을 것 같습니다.

인순이: 거부감이나 거리낌 있던 사람들도 속내를 알고 나니 훨씬 편안하게 느껴졌고, 외형의 틀에 갇힌 겉모습으로 사람을 판단했다는 생각이 들어요. 이젠 사람의 내면을 볼 수 있는 안목이 약간 생긴 것 같아요.

꽃님이: 낯선 사람들 속에서 낯가림이 있는 내 모습을 발견하면서 스스로 약간은 당황스럽기도 했다. 하지만 이런 나의 모습을 알고 있기에 낯선 사람들이든 친근한 사람들이든 내 주변의 사람들에게 더 솔직하게 다가갈 수 있는 계기가 되었다.

탱탱이: 상대방 입장에서 한 번 더 생각해 보게 되었어요.

악어: 상대방이 먼저 말을 걸어 오거나, 인사를 할 때 나를 열어 주고받아 주었는데, 이젠 내가 먼저 상대방에게 다가가서 말을 건네고 웃으며 인사를 나누는 태도로 바뀌었다. '부끄러움을 많이 타는 나, 내성적인 나'에서 누구에게나 웃어 줄 수 있는 나로 변화시키고 있다.

가야: 남이 나에게 먼저 다가오기를 바라는 소극적인 태도였는데 이제는 먼저 마음을 열고 손을 건넬 수 있는 여유가 생겼어요.

이화: 다른 이들도 내 생각대로 따라 주길 바라기보다 그 모습을 바라볼 수 있는 힘이 생긴 것 같습니다.

행복감 증진을 위한 예술치료 해피·아트·테라피

(2) 자아수용의 변화

자아수용이란 자신에 대해 긍정적인 태도를 가지고, 자신의 장점과 단점을 포함하여 자아의 다양한 면을 인지하고 수용하여 과거의 삶까지 긍정적으로 느끼는 것을 말한다. 본 프로그램의 자아수용을 위한 활동에서의 세부목표는 자신에 대한 긍정감 형성과 조건 없이 자신을 수용함이었는데 이에 대한 활동의 결과 참여자들의 경험과정에 대한 표현에서 자신에 대한 긍정감 형성 및 자기 성찰의 계기로서 자아수용에 도움이 된 것으로 나타났다.

① 자신에 대한 소중함 발견

중년기의 여성은 누군가의 아내, 엄마, 며느리 등 다양한 역할 안에서 타인과 환경적 조건에 의해 자신의 존재감을 경험함으로써 자신에 대한 자아감을 진지하게 인식하고 표현하는 것에 익숙하지 않았다. 이 프로그램의 참가자들도 전에는 자아감에 대한 인식의 경험이 생소하고 어렵게 느껴졌으나 프로그램 2단계의 활동에 참여하면서 자신에 대한 소중함을 발견하게 되었고, 자신에 대한 새로운 발견과 자신을 사랑하는 법을 알게 되었다고 표현하였다.

악어: 지금까지 아이들의 엄마로, 한 남자의 아내로 며느리로 살면서 자신을 잊어버리고 살 때 많았는데 이 프로그램에 참여하면서 힘들었던 몸과 마음의 휴식을 취할 수 있었고…… 특히, 이제는 나를 사랑하는 법을 알 것 같다. 앞으로는 사랑하는 '나', 뭐든 할 수 있는 '나'로 살아갈 것이다.

나목: 지금까지 살아오면서 제가 제 신체를 소중하게 다뤄 본 적이 없이 살았던 거 같아요…… 내 몸이 참 소중하구나 하는 생각을 하면서 눈물이 나오려

고 하는데 한 번도 소중하게 생각해 보지 않은 나를 보게 되었어요.

KS: 나 자신보다 더 소중한 것은 없다고 생각된다. 예전의 나는 없었다고 생각되는데, 남편이 첫째, 자녀가 두 번째 그리고 가깝게 주위에 있는 누구든지 그 사람이 있고, 나 자신을 찾지 못했다. 그런데 이 프로그램 이후엔 나 자신이 건강하고 행복한 삶이 되어야만 주위 사람들에게도 진정한 행복이 전달되겠다고 느꼈다.

달메: 나를 존중하고 소중하게 여기게 되었어요. 이제는 매일 여기서 배운 대로 '너는 참 중요해. 너는 참 사랑스러워, 따뜻해.'라고 말하며 나를 늘 보듬어 보겠다.

이화: 내가 소중하다는 것을 여러 매체를 통해 알고 있었으나 실천하지 못하고…… 특별한 방법이 있을 거라고, 회피하며 살아왔는데…… 이제는 나를 사랑하는 법을 실천할 수 있을 것 같아요.

악어: 그동안 망각하고 살았던 내 이름의 나를 찾아서 당당하게 살 것이고, 어디서나 용기 있게 나를 표현하고 살 것이다.

왕눈이: 행복은 나에게서 출발한다는 것을 경험했어요.

비타: 가족, 이웃, 형제들에게 베풀거나 관심은 잘 가지는데 나에게 투자하거나 사랑하는 방법에 대해 관심을 갖는 것은 인색했던 것 같다. H.A.T.는 모든 사람에게 필요한 나 자신을 소중히 여길 수 있도록 일깨워 주는 프로그램이라고 생각하고, 중년여성에게 특히 둥지 같은 것이었다.

꽃님이: 매순간, 그때가 어느 때이건, 어느 나이의 내 모습이건, 있는 그대로의 나의 모습을 사랑하고 나의 약한 모습(단점)에도 편안하게 웃어 줄 수 있는 솔직 담백한 나의 모습을 위해 노력해야겠다. 내 삶에 있어 세상의 중심은 나임을 삶에서 실천할 것이다.

② 자신을 성찰하고 조건 없이 자신을 수용함

참가자들은 중년기의 삶에서 부정적인 자아개념이나 자신의 단점 또는 열등감 등을 경험했었는데 프로그램의 활동을 통해 자신의 모습을 있는 그대로 수용하고 돌볼 수 있게 된 것으로 나타났다.

달메: 완전하지는 않지만, 나 자신을 그대로 받아들이는 노력은 계속하고 싶
다…… 내 마음에 드는 나도 내 마음에 들지 않는 나도…… 프로그램에
참여한 자체만으로도 마음이 전보다 편해졌다. 열등감도 많이 없어지고 비
교하는 일이 줄어든 것 같다.

이화: 예전에는 타인들의 관점과 배려가 먼저였다면 나 자신이 먼저 있는 그대로
받아들이려는 노력을 하는 것이…….

인순이: 예전에는 나 자신을 바라보는 것이 힘이 들었는데 프로그램이 한 번씩
진행될 때마다 조금씩 나를 바라보게 되는 것을 느끼게 되었다. 이제는
나의 모습을 조금은 알 것 같고 돌볼 수 있을 것 같다.

나목: 지금까지는 나의 장점보다는 단점에 치우치며 살았던 것 같아요. 누군가와
늘 비교하는 나 자신을 보면서 행복을 느끼지 못했는데…… 프로그램을 통
해서 나 자신의 단점보다는 장점을 보게 되었고, 그로 인해서 열등감이 많
이 사라지고 있는 그대로의 내 모습에 만족하게 되었어요.

꽃님이: 나의 모습, 내가 가진 장단점 그리고 강함과 약함을 솔직하게 느끼고 인
정하며, 내가 가지고 있는 고유한 나의 가치를 알게 되었으며, 나를 있는
그대로 인정할 수 있는 용기가 생겼다.

악어: 나는 그동안 상대방에게 나로 인해 어떤 말이나, 행동으로 불쾌감을 주지
않으려고 무지 애써 왔다. 그러자면 내 안의 모든 것을 참고 숨기고 겉으로
는 항상 웃는 모습, 친절한 모습만 보이려고 애썼다. 그런데 내 안에 참고
숨겼던 감정들을 용기 있게 표출해 보이려고 애쓰게 되었다.

비타: 상대방이 나를 관대하게 봐 주거나 칭찬할 때 속마음은 기분이 좋아도 겉
으론 자신을 드러내지 못하고 사양하거나 한 발짝 뒤로 머물렀다. H.A.T.를
통해 수용하는 자세도 내 자신을 당당하게 만드는 방법 중 하나라고 느꼈
다. 잘 할 수 있는 부분에 내 자신을 격려하고 칭찬하며 더 잘할 수 있는
자신을 얻은 것 같다.

가야: 나의 단점에 예민한 편이었는데, '나는 내가 참 좋다.'라는 말과 함께 있는
그대로 내 모습을 받아들이는 과정이 나에게 도움이 많이 되었다.

(3) 환경지배력의 변화

환경지배력이란 개인적 필요나 가치에 적합한 환경을 선택하거나 적합한 환경으로 변화시키는 능력이 있음을 의미한다. 본 프로그램의 3단계 활동은 자신의 삶에 영향을 주는 스트레스의 정체를 다양한 관점으로 탐색하고, 이를 조절할 수 있는 능력을 키우는 것을 경험하도록 하였다. 환경지배력의 향상을 위한 본 활동에서의 세부목표는 환경에 대한 통제력 향상과 스트레스의 관리 능력 향상을 목적으로 하였는데 참여자들의 경험과정에 대한 표현에서 스트레스와 환경 관리 능력에 대한 긍정감 향상과 행복한 삶으로의 변화를 위한 관리 방법을 알게 되었다고 언급하였다.

① 스트레스, 환경 관리 능력에 대한 긍정감 향상

중년기에 경험하게 되는 다양한 스트레스에 대해 부정적으로 바라보거나 회피하려 했던 관점에서 3단계 활동을 통해 객관적으로 바라보고 돌보는 경험을 하였다. 이러한 과정에서 참가자들은 자신을 둘러싼 환경에 대해 반응하고 선택할 수 있다는 힘을 발견하였고, 일상에서의 스트레스도 자신의 삶의 일부로서 바라보게 되면서 긍정적인 관점에서 관리할 수 있는 힘을 발견하게 되었다고 표현하였다.

이화: 나에게 맞추어지지 않는 것이나 필요로 하는 게 많음이 버거울 수 있다고
　　　투덜대는 자신을 보고 얼마든지 좋은 모습이나, 느낌을 찾아 키워 가야 한
　　　다는 자각을 하게 되었어요.
인순이: 환경을 받아들이거나 못 받아들이거나 갈등의 삶이었다. 프로그램 받으면
　　　서 그런 것들도 내 삶의 일부분으로 인정하게 되었다. 없애거나 벗어나는
　　　것이 아닌 인정하고 받아들이게 되었고 개성의 길이 조금씩 보인다. 이젠

행복감 증진을 위한 예술치료 해피 · 아트 · 테라피

조금씩 고쳐 나아가야지 싶다.

가야: 나를 스트레스 받게 한 상대방의 입장이 되어 생각해 보고 나 또한 남에게
이런 상처를 준 적은 없는지 반성하면서 "괜찮아, 괜찮아."라는 위로의 말
과 함께 내 가슴을 쓸어 준다.

비타: 고민은 나만의 것이 아닌 누구에게도 있을 수 있는 일이고 슬기롭게 해결
이 되면 삶의 새로운 새싹이 된다는 사실을 말이다.

거울: 스트레스 부분에 있어서는 좀 더 스트레스에 노출된 몸과 일상생활을 관리
할 수 있는 방향으로 노력하고 있다.

꽃돼지: 어떤 일에 있어 스트레스가 발생하면 곧바로 자녀에게 영향이 갔던 것
같습니다. 프로그램을 통해 가족문제 또는 그 외 스트레스 요인을 생각하
면서 왜 내가 스트레스를 받고 있을까를 한 번 더 생각해 봅니다.

향기: 스트레스조차도 나를 위해 필요한 부분이라는 사실을 알게 되었습니다.

탱탱이: 환경적으로 오는 모든 문제를 대하는 태도가 조금 초연해진 것 같아요.

② 삶을 행복하게 관리하는 방법을 알게 됨

긍정심리학을 비롯한 최근 행복에 대한 연구에서 행복감은 훈련에 의
해 증진될 수 있다고 하였다(한기순, 김영미, 2008; Csikszentmihalyi, 1990;
Seligman, 1990; Klein, 2002; Lyubomirsky, 2007). 참가자들은 본 프로그
램을 통해 행복은 훈련에 의해 증진될 수 있다는 것을 경험하였고, 삶을
긍정적이고 행복하게 관리하는 방법을 알게 되었다고 표현하였다.

꽃님이: 환경에만 책임을 돌리지 않게 되었다. 이 때문인지 과거로부터 행복했던
나의 모습을 발견하였으며, 그래서 지금도 행복하고 편안해졌다. 누구에
게도 끌려가지 않으면서, 삶이 더 활기차졌음을 느낀다.

가야: 행복의 기술은 특별한 것이 아니라 행복의 기준을 어디에 두느냐에 따라
무한정 느끼고 만끽할 수 있다는 것을 새삼 느끼게 되었다.

향기: 긍정적인 사고와 내 안으로 받아들일 수 있는 환경의 폭이 넓어졌으며 기
쁨의 시간이었다.

KS: 프로그램을 경험하면서 일상에서 행복한 생각을 많이 하게 되었다. 정말 행

복이 훈련되는 것 같다.

비타: 참여하면서 내 자신 스스로 많이 변화하고 있는 내 모습을 발견할 수 있었
　　　는데, 행복하다는 느낌을 평상시에 많이 느끼고 스스로 행복하다고 이야기
　　　하는 나를 자주 발견하게 되었다.

악어: 이 나이 정도면 생각이나 마음이 굳어져 있어서 행복해진다는 게…… 어떻
　　　게 잘될까 고민했는데, 정말 사람의 마음은 예쁘고 아름다운 거라는 걸 알
　　　았다. 사람마다 각자의 아름다운 꿈이 있고, 아름다운 추억이 있는데 그것
　　　을 꼭꼭 숨겨 놓고 살고 있다는 것을, 이 프로그램을 통해 아름다움을 다
　　　이끌어 내면서 아이처럼 있는 그대로 펼치면서 살 수 있도록 해 주었다.

이화: 행복은 훈련에 의해서 나의 의지에 의해서 행복한 삶이 주어진다는 것을
　　　확인할 수 있는 기회였기에 앞으로도 내 삶을 풍요롭게 행복하게 하기 위
　　　해 구체적인 노력들을 할 것이다. 예로 매일 나의 몸에게 말 걸고 칭찬해
　　　주기, 주변 사람들에게 좀 더 사랑과 감사를 적극적으로 표현하기 등…….

(4) 자율성의 변화

자율성이란 내적으로 행동을 통제하고, 다른 사람의 기준이 아닌 자기 기준에 의해 평가할 수 있는 능력을 뜻한다. 본 활동에서는 자신의 삶을 독립적으로 결정하며, 내적인 힘을 키움으로써 행복의 기준이 외부 조건에 있는 것이 아니라 자신의 선택에 있음을 발견하는 것을 경험하도록 하였다. 본 활동에서의 세부목표는 독립성 강화, 자기 주도적 선택의 힘 강화로 하였는데 참여자들의 경험과정에 대한 표현에서 프로그램을 통해 자신의 의견 표현이 향상되었고, 행복한 삶을 위해서 주도적이고 적극적인 방향으로 변화되고 있음을 지각하고 있는 것으로 나타났다.

① 자신의 의견이나 감정의 표현에 대한 자신감 향상

우리나라의 중년여성은 대체로 가부장적 구조의 가족구조와 문화 정서

적 분위기를 통해 가정에서나 사회에서 자신의 의견이나 감정을 있는 그 대로 표현하는 데 익숙하지 않다. 이러한 면에서 본 프로그램을 통해 참 가자들은 다양한 예술매체를 통해 상징적인 방법으로 자기표현을 자유롭게 경험하면서 그동안 표현하지 못했던 여러 가지 감정들을 발견하고, 돌 보고, 격려받음으로써 일상의 삶에서 자신의 의견이나 감정을 표현하는 데 자신감을 갖게 되었다고 언급하였다.

거울: 그동안의 삶에서는 나의 기준이 아닌 주변 사람의 기준에 나를 맞추다 보니 많이 불편했었다. 하지만 이제는 나의 기준으로 세상을 보려고 노력하고, 나의 의견을 먼저 표현하려고 한다.

인순이: 삶이 수동적이었다. 지난 1년간 시어머님의 병환으로 인하여 더욱 피동적이었다. 그런 모습이 싫어도 벗어날 수 없다는 절망감에 우울증에 빠져 있었던 것 같다. 프로그램 시간 중이나마 능동적으로 참여할 수 있었다. 그리고 내가 속한 곳에서 조금씩 나의 주장과 행동을 강하게 드러내게 되었다.

나목: 처음에는 옆 사람 눈치 봐 가며 프로그램에 참여했었는데, 회를 거듭하며 나 자신이 먼저 프로그램에 참여해 그동안 마음속에만 담아 두었던 것들을 표현해 내면서 마음이 가벼워지고 시원해지는 것을 느꼈어요. 그런 적극적인 모습을 가정에서도 적용하려고 노력하고 있습니다.

꽃돼지: 이제는 자신 있게 행동하고 결과에 두려워하지 말자라는 생각으로 살아갈 거예요.

수선화: 생각과 감정을 행동으로 표현하는 것이 중년에게는 어려운 숙제가 된 그 것을 할 기회가 된 것 같다.

악어: 그동안 상대방에게 나로 인해 어떤 말이나, 행동으로 불쾌감을 주지 않으려고 무지 애써 왔다. 그러자면 내 안의 모든 것을 참고 숨기고 겉으로는 항상 웃는 모습. 친절한 모습만 보이려고 애썼다. 그런데 내 안에 참고 숨겼던 감정들을 용기 있게 표출해 보이려고 애쓴다.

허니: 옆에서 바라고 원하는 대로 하려고 노력했던 게 많았던 거 같아요. 내 모습

이 아닌데 그렇게 남들이 바라는 대로 살려고 노력을 많이 했던 것 같은
데…… 내 모습이 아닌데 그렇게 살려고 했었던 거 같아요. 이제는 편안하
게 내가 하고 싶은 것 남들 의식하지 않고 하고 싶다는 마음이 드네요.

가야: 자신의 의사표시를 잘하지 않고 상황을 지켜보는 편이었는데 이제부터는 내
가 좀 더 적극적으로 참여할 수 있다는 자신감을 갖게 되었다.

② 행복한 삶을 위해 주도적이고 적극적인 방향으로 변화

가족이나 외부 환경적 조건에 맞춰서 판단하고 살아왔던 삶의 태도가
프로그램을 통해 보다 주도적이고 적극적인 방향으로 변화되었다고 하였
고, 특히 본 프로그램을 경험하면서 참가자들은 행복은 외부 조건에 의해
만들어지는 것이 자신의 선택에 의해 만들어지는 것이라고 표현하였다.

나목: 여기 오기 전에는 내가 노력하고, 참고, 희생하면 그 어떤 보상 심리가 있
어서 행복을 외부에서 찾으려 했던 거 같아요…… 저는 죽을 만큼 했는데,
상대는 그걸 알아주지 않으니까 그거에 대한 허무감에 빠지고 계속 악순환
이 되고, 남편도 가족도 이웃도…… 그러다 보면 허무함이 저를 또 가라앉
게 만들고 그것이 반복이 되면 어떻게 살아가야 하는지에 대한 삶의 정체
성에 혼란함을 굉장히 많이 느끼고 있었는데, 그게 생각해 보니까 문제점이
행복을 외부에서 찾으려고, 누가 나에게 주겠지…… 하지만 이 프로그램을
통해서 지금부터라도 다시 시작하면…… 나를 돌아보고 내 안에서 내가 스
스로 행복을 찾아야겠다는 의지가 생겼어요.

인순이: 이전에는 누군가로부터 스트레스를 받는 것만 생각하고, 그대로 그 사람
에게 돌려주려는 마음부터 들었는데, H.A.T. 프로그램을 경험하고 난 후
에는 나 또한 그들에게 스트레스를 주는 존재가 될 수 있다는 걸 생각하
게 되었어요. 그런 면에서 다시 한 번 나 자신을 생각하는 시간이 되었고
내가 나를 사랑하며 먼저 변화된 모습으로 사람들을 대하려는 마음이 생
겼다는 면에서 이전과 다른 것 같아요.

악어: 나는 항상 나 자신이 남들보다 부족하고 잘하는 것이 없다는 생각에 사로
잡혀 매사 의욕이 없고 자신감이 없었다. "나는 잘할 수 있어."라는 말 한

마디 외쳤을 뿐인데 내 안에 있는 내가 "그래, 뭐든 마음먹기에 달렸어. 용기를 내봐." 하는 것 같았다. 그래서 이제는 무슨 일이든 적극적으로 해 볼 참이다.

거울: 지금까지는 그냥 주어진 삶에서 맞추면서 살아왔지만 이젠 나를 중심으로 능동적으로 내 인생을 살아가고 싶다.

이화: 지금까지는 누구를 위해서 살았다면 앞으로는 내가 좋아하는 것. 내가 원하는 것. 내가 잘하는 것을 찾을 것입니다.

꽃님이: 내 삶을 옆에서 지켜보는 내가 아닌 진정한 주인공으로 살기 위해 적극적으로 내 삶에서 늘 내가 원하는 나의 모습을 만들어 가고 스스로에게 응원해 줄 거예요.

(5) 삶의 목적 변화

삶의 목적이란 삶의 목표와 방향 감각을 갖고 있는 것을 의미한다. 삶의 목적 단계에서는 앞으로 맞이할 삶을 행복한 삶으로 준비하고 자신의 신념이나 태도를 형성하기 위하여 자신이 바라는 소망을 구체화하고 실현할 수 있도록 동기 부여하고 촉진하는 과정으로 경험하도록 하였다. 세부목표는 구체적인 삶의 목표 발견과 삶에 대한 희망 및 긍정감 형성이었는데 참가자들은 경험과정을 통해 삶의 의미와 구체적인 삶의 목표를 발견하였고, 삶의 희망적인 전환기가 되었다고 표현하였다.

① 삶의 의미와 구체적인 삶의 목표를 발견

참가자들은 중년기를 보내면서 꿈을 갖거나 구체적인 목표를 갖고 있기보다는 현재 생활에 안주하거나 무기력감을 느끼는 경우가 많았었는데 프로그램을 통해 앞으로의 삶에서 하고자 하는 구체적인 목표를 찾음으로써 삶의 의미와 가치를 되찾았다고 표현하였다.

향기: 제 안에 잠재해 있던 것이 외면으로 표현이 되는 순간에 과연 내 삶 안에
서 그것들이 어떻게 표현이 되는지 잘 몰랐는데…… 행복은 누구에게나 다
있다는 것을, 그것을 자꾸 발견하는 것이 중요하다는 것을 알게 되었어요.
누구나 행복 안에서 행복을 느끼고 살면서 우연한 기회에 행운을 잡을 수
있다면, 행복과 행운은 내 안에 있는데, 먼 데서 찾았구나…… 이제는 내
안에서 행복을 찾으며 살아야겠다는 생각이 들면서 삶에 늘 감사한 마음이
들어요.

인순이: 막연한 느낌과 계획이 있었다면 한 단계씩 올라가면서 나의 현재와 과거
를 보며 미래의 꿈을 생각할 수 있는 용기가 생겼다. 상황이 바뀌길 바라
지 말고 현 상황에 알맞은 작은 발걸음부터 내디딜 계획이다. 미래의 모
습 중에 한 가지씩 1단계씩 실천하기로 했다.

꽃님이: 다른 사람들에게 인정받기 위해 끊임없이 밖을 향해 애쓰며 살기보다는
내가 진정 좋아하고 가치 있게 여기는 것이 무엇인지 생각해 볼 수 있는
계기가 되었고, 막연히 생각하고 있던 삶의 목적들이 이전보다는 명확해
졌다.

탱탱이: 눈에 보이지 않던 막연한 꿈들을 구체적인 목적으로 발견하게 된 것 같
아요.

악어: 하루하루 아무 의미도 생각도 없이 닥치는 대로 주어지는 시간을 그냥 보
내기가 일쑤였다. 이제 '나'에게 하루는 생명이 있고 기쁨이 있고, 즐거움이
있는 날이다.

이화: 중년여성이란 단어가 내 앞에 있음을 잘 맞이할 수 있게 되었으며 내가 나
를 칭찬한다는 게 익숙지 않았는데 프로그램에서 하면서 요즘은 눈뜨면서
부터 하고 있는 게 하루를 지내는 데 큰 힘을 얻고 있습니다.

② 삶의 희망적인 전환기로 경험됨

참가자들은 중년기에 대해 힘든 위기의 시기나 부정적인 견해로 바라
보았던 입장에서 프로그램을 통해 희망적이고 긍정적인 관점으로 변하면
서 앞으로의 인생을 멋지게 준비할 수 있는 기회의 시기이자, 풍요롭고
멋진 시기로 자각하게 된 것으로 나타났다.

가야: 내 안에 있는 보따리를 꺼내 볼 수 있어 좋았다. 그 보따리 속에는 좋은 것
　　　도 있었고, 속상한 일도 있었다. 갱년기로 조금 힘들었던 요즘에 나를 다시
　　　세울 수 있는 힘이 되고 변화의 계기가 되었다.

탱탱이: 앞으로 맞이할 미래는 지금보다는 훨씬 자신 있어질 것 같네요.

KS: 전체적으로 두루뭉술했던 생활을 구체적으로 계획하게 되고 나머지 삶을 남
　　편과 함께 더 아름다운 삶으로 만들며 살아갈 것이다.

비타: 앞으로 새로운 삶을 만들어 갈 기대감으로 설렙니다. H.A.T를 통해 삶의
　　　전환기가 되었다고 생각합니다.

나목: 이전에 나 자신을 생각하면, 소심하고 비관적인 생각들로 가득 차 있었습니
　　　다. 과거나 미래의 내 모습을 그려 보는 프로그램을 통해서 내가 뭘 원하고
　　　무엇을 소망하는지를 알게 되었습니다. 그래서 구체적인 그 소망들을 꼭 이
　　　룰 수 있다는 자신감도 생겼습니다.

이화: 막연하게나마 아이들이 자라면 해야지 싶었고, 여러 가지 핑계로 뚜렷한 목
　　　표조차 설정 없이 지냈다면 그 희망이 무엇이었는지 내 삶을 살필 수 있었
　　　던 시간이었습니다.

수선화: 이전의 나, 현재의 나, 미래의 나에 대한 개념이 없었다. 그냥 사는 것이
　　　　라고 생각했었다. ‘미래의 나’는 내가 만들 수 있을 것 같다.

거울: 무력감으로 생활하던 나의 모습을…… 내가 무엇을 찾는 사람이라는 것을
　　　알게 되는 계기가 되었다. 알 수 없었던 막연한 미래의 모습이 이제는 선명
　　　하게 볼 수 있는 마음이 생겼다.

(6) 개인적 성장의 변화

개인적 성장이 잘 이루어질 때는 자신이 성장하고 발전되어 감을 느끼
고, 새로운 경험에 대하여 개방적이며, 자신의 잠재력을 실현하기 위해
시간을 투자하고, 시간이 지남에 따라 자신과 자신의 행동이 향상되는 것
을 경험하게 된다. 본 프로그램에서 개인의 성장은 마지막 단계로서 자신
안에 잠재된 다양한 가능성을 재발견하고 지지받음으로써 자신과 자신의
삶을 소중히 가꾸고 성장시키도록 하는 과정으로 경험하게 하였다. 세부

목표는 자신의 잠재력 및 가능성의 발견, 자신의 성장에 대한 의지 형성, 변화의 시도와 삶에 대한 개방성 향상으로 하였는데 참가자들은 활동의 경험과정을 통해 자신의 잠재력과 가능성을 발견하고 새로운 것에 대해 도전하는 자신감을 발견하는 과정으로 경험한 것으로 나타났다.

① 자신의 잠재력과 가능성 발견

참가자들은 프로그램의 다양한 표현활동을 통해 자신도 몰랐던 다양한 감수성과 창조적 표현능력을 발견하면서 자신의 능력을 새롭게 발견하고 인식하는 과정으로서 경험한 느낌을 표현하였다.

> 달메: 어떤 일을 해볼까 하다가 '이 나이에 해서 뭐 해.'라며 시도도 해 보지 못할 때가 있었다. 프로그램을 통해 이 세상에서 가장 소중한 '나', 가장 소중하게 살아야 할 '오늘' 이 순간을 긍정적으로 살아야 한다는 것을 매일 아침마다 떠올리며 할 수 있다는 내 안의 힘을 발견한다.
>
> 꽃님이: 다른 사람들에게 인정받기 위해 끊임없이 밖을 향해 애쓰며 살기보다는 내가 진정 좋아하고 가치 있게 여기는 것이 무엇인지 생각해 볼 수 있는 계기가 되었다.
>
> 거울: 무력감으로 생활하던 나의 모습에 익숙해 있었는데 프로그램을 통해 내가 무엇을 찾는 사람이라는 것을 알게 되었고 이 과정을 통해 앞으로 내가 더 근사하고 행복한 사람이 될 것이라 기대한다.
>
> 향기: 지금처럼 최선을 다하고 기쁘게 생활한다면 앞으로 나는 계속 성장하고 행복할 것이라 믿는다.
>
> 악어: 나는 나 자신이 남들보다 특별히 잘하는 것이 한 가지도 없다고 생각했었다. 그래서 특기가 뭐냐고 물어보면 대답할 말이 없었다. 그런데 이 프로그램을 통해서 '나'를 찾아보니까 잘하는 것이 너무 많다는 것을 깨달아 이제는 특기가 뭐냐고 물어보면 당당하게 대답할 수 있다.
>
> 왕눈이: 50에 접어들면서 '이제 무엇을 하랴.' 하는 자포자기가 생기며 그냥 순응하자 하는 마음이 많았다. 그러나 이 교육 후 '아직도 나를 찾고 계발할

기회는 많구나. 다시 찾아보자.’ 하는 마음이 들었다.

비타: 어떤 일을 도전하기 전 안 될 것이라는 편견이 많았다. 특기가 없어서, 나이가 많아서, 힘들 것 같아서…… 편안함에 안주하려고만 했던 것 같다. 프로그램을 통해 내게 있는 장점을 찾았고, 도전하기에 결코 많지 않은 나이라는 것을 알게 되었고, 힘든 일도 어쩌면 예전보다 더 잘할 수 있을 것 같은 긍정적 마인드가 생겼다.

나목: 내가 원하는 것을 꼭 이룰 수 있을 거라는 자신감을 얻게 되었습니다.

② 새로운 것에 대해 도전하는 자신감 발견

참가자들은 중년기라는 시기에 변화와 도전에 대한 막연한 두려움이나 부정적인 입장을 가지고 있었는데 프로그램을 통해 창조적인 표현을 시도하고 격려받음으로써 중년이라는 나이로 인해 포기하거나 안주했던 내면의 열정을 발휘하게 되었고, 도전하고 싶다는 의지와 자신감을 발견하는 과정으로 경험한 것으로 나타났다.

달메: 새로운 것에 대한 도전 앞에서는 늘 여기저기 외부의 장애물을 크게 보고 장애물 때문이라고 탓하면서 살아왔던 것 같아요. 그런데 돌아보니 문제는 장애물이 아니라 장애물에 쉽게 져 버린 나를 발견했어요. 이젠 그 장애물들을 내가 뛰어넘어야 한다는 생각이 들어요.

향기: 내 삶을 행복하게 만들기 위해서라도 앞으로는 하고 싶은 일에 도전 할 것이다. 프로그램을 통해 나도 할 수 있다는 자신감과 용기를 얻었다.

이화: 그동안 여러 번 도전하려는 마음으로 일어설 때가 많았는데 나 자신을 위한 것인지 자각하지 못한 채 세상과 어울림을 따르려고 도전했던 것 같아요. 지금은 그 지난 시간들을 지우기보다 긍정적으로 그럴 수 있다고 위로해 주며 새로운 도전은 절대로 하지 않겠다던 마음을 살짝 바꿔 봅니다.

비타: 일상생활의 작은 것들이라도 무언가 도전하고 싶은 욕구를 많이 느끼게 되었다. 예를 들면 아이들에게도 먼저 마음을 열고 다가가서 대화를 많이 시도하게 되었고…… 마음이 예전보다 많이 여유로워지고 열리는 것 같다.

거울: 이젠 외모나 모든 면에서 나를 가꾸고 새로운 것들을 배우고 싶다.

나목: '나의 꿈을 표현해 보기. 과거의 나를 꾸미기. 난 할 수 있어.' 일상에서 해
　　　보기 힘든 새로운 활동을 통하여 일상의 새로운 자극이 되었고 새로운 것
　　　에 대한 도전 정신이 생겼다.
인순이: 새로운 것에 대한 도전은 늘 저에게 숙제였습니다. 첫째로는 돈이 문제였
　　　고, 다음은 시간…… 늘 새로운 삶을 꿈꾸면서도 대조적으로 할 수 없는
　　　이유를 찾았던 것 같습니다. '나'를 이해하고 바라보면서 언제든지 도전
　　　은 할 수 있다고 생각하며 노력할 것입니다.

행복감 증진을 위한 예술치료 해피·아트·테라피

맺음말

.
.
.

앞으로 새로운 삶을 만들어 갈 기대감으로 설렙니다.
H.A.T를 통해 삶의 전환기가 되었다고 생각합니다.
(H.A.T. 참여자 소감 중에서)

⬤ 1. 연구 결과의 의미와 결론

행복감 증진을 위한 H.A.T. 프로그램의 개발과정을 요약해 보면 이 연구에서는 행복감에 대한 Riff(1989)의 다자원 이론과 행복감 증진에 관한 선행연구를 바탕으로 H.A.T. 프로그램의 구성 목표와 내용을 선정하고 예비실시를 통한 수정, 보완과정을 통해 프로그램을 개발하였다.

최근까지 진행된 행복감 증진과 관련된 선행연구들을 살펴보면, 행복에 대한 관심과 연구가 급증하고 있는 반면에 연구된 내용들은 행복과 관련된 요인을 분석하고 관계성을 확인하는 연구가 대부분으로 행복감을 증진시키는 실제적인 방법론을 제시하는 연구는 상대적으로 부족한 편이라는 것을 알 수 있었다. 또한 아직까지 행복감 증진에 대한 방법론을 연구하더라도 개발에만 그치는 경우가 많았고, 효과성까지 검증한 연구는 많지 않았다.

특히 세계적으로 행복지수에 가장 취약한 대상인 중년여성의 행복감 증진을 위한 방법에 대한 개발 연구는 매우 부족한 상태이다. 이에 본 연구에서는 중년여성을 대상으로 행복감 증진을 위한 프로그램을 개발하였다는 데 의의가 있다.

본 연구에서 행복감 증진을 위한 목적으로 H.A.T. 프로그램을 개발하기까지 본 연구자가 일반인의 정신건강을 위한 예방 차원의 목적으로 H.A.T. 프로그램을 현장에서 다양한 대상에게 5년 이상 지도한 경험이 토대가 되었다. 이런 과정에서 H.A.T. 프로그램을 행복감 증진을 위한 프로그램으로서 발전시키기 위해 5년 동안 프로그램 참가자들의 반응을 분석하고, 동료 연구진들과의 매주 회의 및 정신과 전문의의 자문과정을 통해 지속적으로 H.A.T. 프로그램을 보완하며 연구해 왔다.

본 연구의 H.A.T. 프로그램은 예술치료의 특징을 방법론으로 하고 있으나 의료적 치료 개입을 위한 목적이 아니라 행복감 증진이라는 예방 차원의 목적을 지니기 위해 행복감에 대해 포괄적인 개념으로 연구한 Riff(1989)의 다차원 모델 이론을 기본 모형으로 적용함으로써 H.A.T. 프로그램의 특성을 부여하고자 하였다.

Lyubomirsky(2007)는 행복에 대한 수많은 과학적 검증의 연구결과 '행복의 추구'라는 표현의 뉘앙스가 행복에 대해 쫓아가거나 찾아내야 할 대상으로서의 느낌을 주기 때문에 '행복의 추구'보다는 '행복의 창조' 또는 '행복의 건설'이라는 능동적이고 주체적인 입장의 표현이 더 적합하다고 제시하였다. 즉 수많은 연구결과를 근거로 우리 스스로 행복을 만들어 낼 힘을 가지고 있다는 것을 강조하고자 하였다.

최근 긍정심리학을 비롯한 행복감 증진에 관한 연구에서 행복도 훈련될 수 있다고 제시하였다(Klein, 2002; Lyubomirsky, 2007; Seligman, 1990). 이에 H.A.T. 프로그램 또한 행복감이 훈련될 수 있다는 관점을 전제하고 있지만 H.A.T. 프로그램에서의 행복감을 증진하는 방법적 특성은 주입식 교육의 형태, 즉 참가자가 수동적인 과정으로 행복의 기술을 습득하는 것이 아니라 다양한 예술매체를 통한 창조적인 표현과정을 통해 참가자 스스로 행복에 대한 욕구를 느끼고 주체적으로 발견해 갈 수 있는 기회를 제공하는 것이다. 때문에 H.A.T. 프로그램을 통해 행복감을 증진하는 과정은 모든 사람이 지닌 행복에 대한 의지를 발휘할 수 있는 기회를 제공함으로써 자신의 삶에 행복이라는 방향성을 구체적으로 제시할 수 있다고 생각한다.

그리고 H.A.T. 프로그램의 효과를 살펴보면, H.A.T. 프로그램을 적용한 결과 중년여성들의 행복감 증진 면에서 질적이며 양적인 변화가 나타났다. 질적 연구에서 참가자들이 프로그램을 통해 행복감의 6가지 요인별로 긍정적인 변화를 경험하고 있다는 진술을 통해 구제석으로 분석할 수 있었고, 이는 양적 연구의 결과를 지지하는 것으로 나타났다.

본 연구에서 행복감의 6가지 요인에 대한 결과를 중심으로 H.A.T. 프로그램의 효과와 참가자 경험과정의 질적 분석에 대한 연구결과를 살펴보면 다음과 같다.

첫째, 행복감의 6가지 요인 중 긍정적인 대인관계의 사전, 사후의 검사에서 비교집단은 통계적으로 의미 있는 변화가 없는 데 반해 실험집단은 사전, 사후 검사뿐만 아니라 한 달 뒤의 지속효과 검사에서도 의미 있게 향상된 것으로 나타났다. 이러한 결과는 H.A.T. 프로그램이 중년여성의 대인관계 형성에 긍정적인 영향을 주었음을 보여 준다. 참가자의 경험과정에 대한 질적 내용분석에서 참가자들은 다양한 표현활동 과정 안에서의 나눔을 통해 중년여성이라는 서로의 공통점에 대해 공감하면서 다른 참여자들에게 조금씩 자신의 마음을 나누고 친밀감을 경험하였다. 특히 프로그램 활동 중에서 참가자들은 서로를 돌보는 신체접촉과 표현활동을 통해 친밀감이 향상되는 것을 경험하였고, 이를 가족들에게도 적용하여 가족관계의 친밀감에도 긍정적인 영향을 경험하였다고 하였다. 또한 관계 안에서의 갈등 상황이나 타인에 대한 부정적 느낌들을 긍정적인 관점으로 전환함으로써 타인에 대해 보다 더 따뜻한 관심과 대인관계에서 적극적인 태도를 갖게 되었다고 표현하였다.

특히 중년여성이란 관점에서 참가자들은 유교적 문화와 가부장적인 문화의 영향으로 관계 안에서 자기표현에 대한 절제를 문화적 미덕으로 알고 생활해 왔다. 그런데 이 프로그램을 통해 관계 안에서의 적극적인 표현의 중요성을 재발견하는 계기가 되었다고 표현하였다. 즉 H.A.T. 프로그램은 적극적인 자기표현에 익숙하지 않은 문화적 특성을 지닌 우리나라의 중년여성들의 행복감 증진에 효과적인 방법인 것으로 생각된다. 또한 이 프로그램의 신체 표현활동을 통해 중년여성들에게 따뜻한 정서적 교감을 느낄 수 있는 신체접촉과 상호작용을 촉진하는 리드미컬한 신체 표현활동을 경험할 수 있는 기회를 제공함으로써 대인관계에서의 친밀감을 증진시키고 타인에 대한 태도에 긍정적인 영향을 나타낸 것으로 보인다.

또한 이 프로그램은 구조적인 면에서 대인관계에 긍정적인 영향을 미치는 것을 알 수 있는데, 이는 중년여성이란 동일 대상이 모인 집단 구조를 통해 집단치료의 구조적 효과로서 중년기에 경험할 수 있는 정서적 고립감과 외로움을 경감시키는 데 도움을 준 것으로 보인다. 즉 H.A.T.와 같은 집단형태의 치유적인 상호작용 과정을 통해 자기표출 행위를 함으로써 집단 구성원들은 집단의 다른 구성원에 의하여 보상을 받을 뿐만 아니라 그렇게 강화된 행동은 집단 밖의 대인관계 속으로 통합되어 일상의 대인관계에서도 긍정적인 영향을 미친 것으로 볼 수 있다.

행복감 증진을 위한 예술치료 해피·아트·테라피

둘째, 행복감의 6가지 요인 중 자아수용의 사전, 사후 검사에서 비교집단은 통계적으로 의미 있는 변화가 나타나지 않은 데 반해 실험집단은 사전, 사후 검사뿐만 아니라 한 달 뒤까지도 지속효과가 있는 것으로 나타났다. 이러한 결과는 H.A.T. 프로그램이 중년여성의 자아수용 형성에 긍정적인 영향을 주었음을 알게 한다.

Riff(1989)에 의하면 자아수용이 잘되었다는 것은 자신의 좋은 점들은 물론 나쁜 점들을 포함하여 자신의 여러 측면들을 인지하고 수용함과 동시에 과거의 삶에 대하여 긍정적으로 느끼는 상태를 의미한다. 이러한 자아수용의 의미에 관해서 참가자들의 경험에 따른 의견을 살펴보면, 이 프로그램의 활동을 통해 참가자들은 자신에 대한 긍성삼을 형성하였고, 자기 성찰의 계기로서 조건 없이 자신을 수용하는 경험을 함으로써 자아수용에 긍정적인 영향을 받은 것을 확인할 수 있었다.

중년기 여성은 누군가의 아내, 엄마, 며느리 등 다양한 역할에서 타인과 환경적 조건에 의해 자신의 존재감을 경험함으로써 자신에 대한 자아감을 진지하게 인식하고 표현하는 것에 익숙하지 않다. 이 연구의 참가자들도 프로그램 전에는 자아감에 대한 인식과 경험이 생소하고 어렵게 느껴졌으나 프로그램 2단계의 활동에 참여하면서 자신에 대한 소중함을 발견하게 되었고, 자신에 대한 새로운 발견과 자신을 사랑하는 법을 이해하게 되었다고 한다. H.A.T. 프로그램을 경험한 후 자아수용에 대한 긍정적인 변화를 경험하였다는 참가자는 이 프로그램을 통해 스스로에 대하여 진지하게 생각하게 되었고, 자신의 건강과 행복이 주위에 전달된다는 사실을 깨달았다고 한다.

또한 참가자들은 중년기의 삶에서 부정적인 자아개념이나 자신의 단점 또는 열등감 등을 경험했었는데 프로그램 활동을 통해 자신의 모습을 있는 그대로 수용하고 돌볼 수 있게 되었다고 했다.

셋째, 행복감의 6가지 요인 중 환경지배력의 사전, 사후 검사에서 비교집단은 통계적으로 변화가 나타나지 않은 데 반해 실험집단은 사전, 사후 검사뿐만 아니라 1개월 후 실시된 지속효과 검사에서도 의미 있는 수준으로 향상된 것으로 나타났다.

H.A.T. 프로그램을 경험한 후 참가자들은 이 프로그램을 통해 환경에 대해 갈등을 느끼거나 부정적이었던 자신의 태도에서 환경에 대해 자신의 일부로 인정하게 되었고, 삶을 행복하게 만드는 자기 관리법을 깨닫게 되었다고 했다. 이러한 환경지배력에 대한 H.A.T. 프로그램의 효과는 군인을 대항으로 한 연구에서 스트레스 감소효과를 통해 이미 입증된 바 있다(김종임, 윤혜선, 한선옥, 2008). 이와 같은 결과는 중년여성의 환경지배력에 대한 H.A.T. 프로그램의 효과를 지지하고 있다. 따라서 결과를 살펴보면 H.A.T. 프로그램은 중년여성의 환경지배력을 개선하는 데 기여한 것으로 볼 수 있다.

넷째, 행복감의 6가지 요인 중 자율성의 사전, 사후의 검사에서 비교집단은 통계적으로 의미 있는 변화가 나타나지 않은 데 반해 실험집단은 사전, 사후 검사뿐만 아니라 한 달 뒤 지속효과의 검사에서도 의미 있는 수준으로 향상된 것으로 나타났다.

Riff(1989)는 자율성이 잘 발휘될 때 개인은 결단력이 있고 독립적이며 사회적 또는 환경적 규율보다는 자신의 행동을 내적 동기에 의해 조절하고 개인적 기준에 의해서 자신을 평가할 수 있는 것으로 나타난다고 제시하였다. 이러한 자율성의 의미를 중심으로 참가자들의 경험과정에 대한

행복감 증진을 위한 예술치료 해피 · 아트 · 테라피

분석내용을 살펴보면, 본 프로그램을 통해 자신의 의견 표현이 향상되었고, 행복한 삶을 위해서 주도적이고 적극적인 방향으로 변화되고 있음을 지각하고 있는 것으로 나타남으로써 자율성에 긍정적인 영향을 받은 것을 확인할 수 있었다.

다섯째, 행복감의 6가지 요인 중 삶의 목적에 대한 사전, 사후의 검사에서 비교집단은 통계적으로 의미 있는 변화가 나타나지 않은 데 반해 실험집단은 사전, 사후 검사뿐만 아니라 한 달 뒤 지속효과의 검사에서도 의미 있는 수준으로 향상된 것으로 나타났다. 참가자들은 중년기를 보내면서 꿈을 갖거나 구체적인 목표를 갖고 있기보다는 현재 생활에 안주하거나 무기력감을 느끼는 경우가 많았었는데 프로그램을 통해 앞으로의 삶에서 하고자 하는 구체적인 목표를 발견함으로써 삶의 의미와 가치를 되찾았다고 표현하였다. 또한 중년기에 대해 힘든 위기의 시기나 부정적인 견해로 바라보았던 입장에서 프로그램을 통해 중년기에 대한 입장이 희망적이고 긍정적인 관점으로 변하면서 앞으로의 인생을 멋지게 준비할 수 있는 기회의 시기이자, 풍요롭고 멋진 시기로서 앞으로 제2의 인생의 전성기를 맞을 것 같다고 삶에 대한 긍정적인 태도를 보였다.

여섯째, 행복감의 6가지 요인 중 개인의 성장에 대한 사전, 사후의 검사에서 비교집단은 통계적으로 의미 있는 변화가 나타나지 않은 데 반해 실험집단은 사전, 사후 검사뿐만 아니라 한 달 뒤 지속효과의 검사에서도 의미 있는 수준으로 향상된 것으로 나타났다. 참가자들은 프로그램의 다양한 표현활동을 통해 자신도 몰랐던 다양한 감수성과 창조적 표현능력을 발견하면서 자신의 능력을 새롭게 발견하고 인식하는 과정으로서 경험한 느낌을 표현하였다. 또한 중년기라는 시기에 변화와 도전에 대한 막

연한 두려움이나 부정적인 입장을 가지고 있었는데 프로그램을 통해 창
조적인 표현을 시도하고 격려받음으로써 포기하거나 안주했던 내면의 열
정을 발휘하게 되었고, 도전하고 싶다는 의지와 자신감을 발견하는 과정
으로 경험한 것으로 나타났다.

그리고 본 연구에서 참가자들의 행복의 자각 정도 변화를 살펴보면 실
험집단과 비교집단의 사전, 사후 검사에서 비교집단은 통계적으로 의미
있는 변화가 없는 데 반해 실험집단의 참가자들은 H.A.T. 프로그램을 통
해 사전, 사후뿐만 아니라 한 달 뒤 지속효과에까지 행복의 자각 정도에
긍정적인 변화가 나타났다. 또한 실험집단의 경우에는 실험 실시 기간 동
안 매주 실시한 검사에서도 프로그램의 활동회기가 거듭됨에 따라 점진
적으로 긍정적인 변화가 나타났다. 참가자들은 행복의 자각 정도 검사를
실시하는 과정을 통해 일상에서 행복을 자각하는 횟수가 증가했으며, 행
복을 자각하는 동시에 행복감을 느끼기 위해 의지적으로 훈련하도록 긍
정적인 변화를 경험하는 계기가 되었다고 했다.

이와 같이 H.A.T. 프로그램은 양적 연구의 결과와 프로그램 진행과정
에 대한 질적 연구결과에서 모두 중년여성의 행복감을 증진하는 데 효과
적인 프로그램이라는 것이 입증되었다.

그리고 본 연구의 결과에서 참가자들이 자원봉사자라는 역할을 지님으
로써 이러한 참가자들의 고유한 반응을 관찰할 수 있었는데, 참가자들은
H.A.T. 프로그램을 통해 중년여성으로서의 도움뿐만 아니라 자원봉사자
로 활동하면서 남을 돌보고 사랑하는 일을 하면서 자신을 먼저 돌보고
사랑하는 시간을 가질 수 있어서 더 의미 있는 시간이었다고 하였다. 이
러한 본 프로그램의 긍정적인 결과는 실험집단의 지속효과에서 행복감이

행복감 증진을 위한 예술치료 해피·아트·테라피

사후검사의 결과보다 더 증진함으로써 더욱 바람직한 효과를 나타내고 있다. 즉 H.A.T. 프로그램이 중년여성이라는 대상뿐만 아니라 자원봉사자라는 역할에 대해 긍정감을 가질 수 있도록 함으로써 사후 지속효과에서 자원봉사 활동을 통해 행복감을 더욱 증진하는 데 촉진적인 역할을 한 것을 알 수 있다.

또한 H.A.T. 프로그램이 행복감 증진을 위한 다른 프로그램들과 구별되는 특징은 신체와 동작경험을 중심으로 다양한 예술매체의 치유적 특성을 창조적으로 활용한다는 것이다. 본 연구의 참가자들은 경험과정에서 신체감각과 동작경험을 통해 행복감이라는 추상적인 느낌을 신체감각이라는 구체적인 느낌으로 경험함으로써 보이지 않는 사랑, 기쁨, 행복과 같은 마음이 만져지고 확장되는 느낌을 경험했고, 이 프로그램을 통해 경험한 방법을 일상에서까지 적용함으로써 다른 사람들에게도 마음을 풍요롭게 전할 수 있다는 것을 알게 되었다고 했다.

본 프로그램에서는 이러한 움직임과 감정의 상호작용 원리를 바탕으로 신체의 감각과 움직임을 주요한 방법으로 적용함으로써 행복감을 증진하는 데 촉진적인 역할을 하였다고 생각한다. 즉 신체적 감각과 동작 경험을 통해 행복감이라는 추상적인 느낌과 생각에 대해 구체화하고, 명료화할 수 있었다고 본다.

Csikszentmihalyi(1990)는 행복에 대한 오랜 연구과정에서 행복한 삶을 위한 방법으로서 창조성의 발휘를 제안하였고, 창조성은 인간의 삶을 행복하게 만드는 데 중요한 역할을 한다고 강조하였다. 창조성을 경험하는 과정은 그 자체로 치유의 힘을 지니고 있고, 인간은 이러한 창조적인 힘을 발휘할 수 있는 위대한 존재이며 인류의 역사를 통해 이러한 창조성을 본질로 하는 과정이 바로 예술이다. H.A.T. 프로그램은 다양한 예술매체를 통한 창조적 경험과정을 통하여 사람들에게 내재되어 있는 창조적인 힘을 발휘하도록 하고, 삶으로 통합시키는 계기를 제공함으로써 개인이 주체적이고 능동적인 과정으로 행복을 창조하고 건설할 수 있도록 돕는 과정을 위해 활용되는 것이다.

이상의 결과를 살펴보면 본 연구의 목적인 중년여성의 행복감 증진을 위하여 개발된 H.A.T. 프로그램은 적절하였으며 효과 검증 결과도 매우 만족할 만한 수준이었다. 이러한 결과들은 앞으로 행복감 증진을 위한 프로그램 개발의 연구 분야나 예술의 치유적 가치를 연구하고 보급하는 분야에서 의미 있게 활용될 수 있을 것이라 사료된다.

● 2. 후속 연구를 위한 제언

후속 연구를 위해 다음과 같은 제언을 하고 싶다.

첫째, 지금까지 우리나라에서 중년여성의 행복감 증진을 목적으로 한 H.A.T. 프로그램이나 예술치료 프로그램은 없었으므로 반복연구를 통해 연구결과의 타당성을 확인할 필요가 있다고 본다.

둘째, 행복감 증진에 대한 연구에서 대부분의 프로그램이 단기적으로는 효과가 있으나 시간이 지남에 따라 그 효과가 감소하므로 후속 프로그램을 통해 효과를 지속시키며, 프로그램 효과에 대한 종단적 연구도 필요할 것이다.

행복감 증진을 위한 예술치료 해피 · 아트 · 테라피

셋째, 본 연구에서 H.A.T. 프로그램의 행복감 증진에 대한 효과성은 입증하였으나 그 치유기제나 치유요인은 검증되지 않았다. 앞으로 행복감 증진에 대한 본 프로그램의 치유요인 분석에 대한 연구를 통해 본 프로그램의 타당성과 효과를 높일 수 있을 것이라 생각한다.

넷째, 본 프로그램은 신체, 동작 경험을 중심으로 한 통합예술치료 프로그램이라는 점에서 신체적인 표현, 즉 몸짓, 신체자각, 표정, 목소리와 같은 비언어적인 반응과 표현들이 중요하다. 그러나 본 연구에서는 지도자 및 참가자들의 비언어적인 표현을 측정하지 못하였다. 이러한 비언어적 측정방법으로는 심리적, 신체적 과정으로서 움직임을 분석하는 LMA(Laban Movemenet Analysis; Bartenieff & Lewis, 1980)나 신체자각 척도(BARS: The Body Awareness Rating Scale; Friis et al., 1989) 등을 함께 사용할 필요가 있으며, 이외에 심리적인 면을 심층적으로 분석할 수 있는 비언어적 측정도구 개발의 필요성이 제기된다.

다섯째, 위의 네 번째 제언에 더불어 앞으로 본 프로그램의 심층적인 연구를 위해서는 이러한 비언어적인 표현을 측정할 수 있는 연구가 필요하다고 생각된다.

여섯째, 이 책에 실린 연구는 중년여성을 중심으로 실시하였기 때문에 본 연구의 결과를 다른 대상 집단에게 일반화하기는 어렵다. 앞으로 본 프로그램이 행복감 증진 프로그램으로서 일반화되기 위해서는 좀 더 다양한 연령과 계층의 사람들을 대상으로 행복감 증진에 대한 연구들이 지속적으로 이루어져야 할 것이다.

참고문헌

강혁준(2007). **종교계에서 보는 자살과 예방대책.** 생명사랑 포럼Ⅰ, 2 – 25.

강현숙, 김백윤, 박미진, 신영호(2005). 택극권 수련이 중년여성의 심리적 행복감에 미치는 영향. **한국스포츠리서치,** 16(2), 869 – 876.

강효현(2006). **통합예술치료가 결손가정 아동의 자기효능감 향상에 미치는 효과.** 미간행 석사학위논문. 원광대학교 동서보완의학대학원.

고정자, 김갑숙(1998). 한국과 영국인 주부의 삶의 질 비교. **한국가정관리학회,** 16(2), 151 – 164.

구본권(2002). **자폐유아 치료교육 사례.** 서울: 범한.

권석만(2000). **우울증.** 서울: 학지사.

권준범(2003). 미술활동에 내재된 심리치료 요인에 대한 연구. **사향미술 교육 논총,** 10, 21 – 42.

김극로, 장덕선(1997). 댄스 활동이 갱년기 여성의 정신건강에 미치는 효과. **군산 대학 논문집,** 23, 553 – 564.

김나영(2001). 라반 에포트 요소(Effort Factor)를 강조한 정신지체아동의 동작치료프로그램의 효과. **한국특수체육학회지,** 9(1), 161 – 175.

김명소, 성은현, 김혜원(1999). 한국 기혼 여성의 성격 특성과 주관적 삶의 질. **한국심리학회: 여성,** 4(1), 41 – 55.

김명소, 김혜원, 차경호(2001). 심리적 안녕감의 구성개념 분석: 한국 성인 남녀를 대상으로. **한국심리학회지: 사회 및 성격,** 15(2), 19 – 40.

김명자(1989). **중년기 발달.** 서울: 교문사.

김미옥, 방부경, 윤수정, 최은주(2002). 중년여성의 지각된 생활스트레스와 자아존중감 및 우울의 관계. **전인간호과학 연구소,** 5(1), 97 – 113.

김미정(2004). **통합예술치료가 초등학생의 자기표현 향상에 미치는 영향.** 미간행 석사학위논문. 원광대학교 동서보완의학대학원.

김부(2005). 해결중심적 **미술치료가 중년여성의 발달현상에 대한 태도와 갱년**

기 증상에 미치는 영향. 미간행 석사학위논문. 대구대학교 재활과학대
학원.

김상아, 박웅섭(2007). 행복에 초점을 둔 현실요업 집단프로그램이 입소기간에
따른 시설아동의 자기개념에 미치는 영향. **정신보건과 사회사업**, 26,
288 - 319.

김수현(2005). **중년여성의 자아존중감에 관한 연구 -교회 집단 노래 부르기
를 중심으로 -**. 미간행 석사학위논문. 한영신학대학교 기독상담대학원.

김승철, 심향보(2003). 중년여성의 생활체육 참여가 정신건강에 미치는 영향.
한국체육학회지, 42(6), 273 - 280.

김애순(1993). 중년기 위기감. **한국노년학회지**, 13(2), 1 - 14.

김연희(2004). **명상을 포함한 통합예술치료가 일반인의 자아존중감 향상에 미
치는 효과.** 미간행 석사학위논문. 원광대학교 보건환경대학원.

김영순(1997). **행복한 인생만들기 프로그램. 현실요법의 이론과 실제.** 서울: 한
국심리상담연구소, 252 - 264.

김영숙, 최규련(2006). 중년기 여성의 내외통제성과 자아존중감이 심리적 복지
에 미치는 영향. **한국가족관계학회지**, 11(3), 173 - 199.

김영아(2008). 집단 독서프로그램이 학령기 자녀를 둔 중년여성들의 정신건강
에 미치는 영향. 미간행 석사학위논문. 이화여자대학교 교육대학원.

김영애(2008). **여중생 대상 행복증진 프로그램 구성 및 내용.** 미간행 석사학위
논문. 아주대학교 대학원.

김은영(2007). **초등학생의 무용특기·적성 신체활동 참여에 따른 즐거움과 행
복에 관한 연구.** 미간행 석사학위논문. 성균관대학교 교육대학원.

김은주(2008). **생활무용 참가자의 참가결정동기와 자기관리행동, 심리적 웰빙
및 생활만족의 관계.** 미간행 박사학위논문. 동덕여자대학교 대학원.

김인자(1993). **적응심리: 변화하는 세계에서의 개인성장.** Eastwood Atwater 저.
서울: 한국심리상담연구소.

김정규(2000). **게슈탈트 심리치료.** 서울: 학지사.

김정규(2003). **자아가치관 검사 실시요강.** 서울: 한국 가이던스.

김정수(2007). **통합예술치료가 여가복지시설 이용 노인의 생활만족도와 자아통
합감에 미치는 영향.** 원광대학교 대학원.

김종임, 윤혜선(2007). 청소년부터 노인까지 생명사랑문화 프로그램. '급증하는 자살, 무엇이 문제인가?', 제7회 가톨릭 포럼 학술대회, 54 - 73.

김종임, 윤혜선(2008). H. A. T. 프로그램이 전, 의경 스트레스, 우울, 자살생각, 자아존중감, 군생활적응에 미치는 효과. 한국학술단체 총연합회 제3회 통합학술대회, 11.

김종임, 윤혜선, 한선옥(2008). 군생활 적응 향상 프로그램이 전, 의경의 스트레스, 우울, 자살 생각, 자아존중감, 군생활 적응에 미치는 효과. 기본간호학회지, 15(3), 387 - 394.

김진숙(1993). 예술심리치료의 이론과 실제. 서울: KEAPA Press.

김천오(2007). 통합예술치료가 시설치매노인의 인지와 우울에 미치는 효과 및 회기과정 분석. 미간행 석사학위논문. 원광대학교 동서보완의학대학원.

김하암(2006). 심리적 안녕감에 작용하는 민족, 문화, 성격의 영향. 미간행 박사학위논문. 경북대학교 대학원.

김현숙(2007). 중년여성의 건강증진 생활양식과 우울 및 삶의 질과의 관계. 아주대학교 석사학위논문.

김혜순(1999). 돌봄접촉이 개심술환자의 스트레스 및 면역 반응에 미치는 효과. 성인간호학회지, 11(3), 526 - 539.

김희경(2004). 기혼여성의 우울 증상과 도움추구 태도에 관한 통합모형검증. 미간행 박사학위논문. 전남대학교 대학원.

남인숙(2007). 행복감계발에 관한 소고, 한국사회이론학회, 31, 217 - 321.

나해숙(2006). Gestalt 예술치료가 우울장애 환자의 대인관계에 미치는 영향. 미술치료연구, 13(2), 361 - 385.

문화일보(2007. 3. 3.). "'행복 찾기' 열풍 왜 부나, 신간 줄잇고, 시민단체도 올 해의 화두로".

민경림(2000). 유아의 자아존중감에 미치는 표현예술심리치료의 효과. 미간행 석사학위논문. 숭실대학교 교육대학원.

박경애(2002). 청소년의 신체상, 자존감 및 대인불안간의 관계연구. 미간행 석사학위논문. 고려대학교 교육대학원.

박숙경(2003). 현실요법을 적용한 행복증진 집단상담 프로그램의 개발과 효과 검증. 미간행 박사학위논문. 홍익대학교 대학원.

박성희(2001). **상담의 새로운 패러다임**. 서울: 학지사.

박이문(2006). **예술철학**. 서울: 문학과 지성사.

박정희, 유영주(2000). 도시가족의 건강성 및 주부의 자아존중감이 우울에 미치는 영향. **한국가정관리학회지**, 18(2), 155 – 174.

박정희(2007). **'배려'와 '행복'을 위한 신가정교육 프로그램의 개발 및 적용.** 한국가정과교육단체총연합회 가정교과연구회 한국교원대학교 교육연구원, 312 – 324.

박주영, 안주미(2005). 중년여성의 지속적인 건강체조 프로그램이 삶의 질에 미치는 영향. **한국사회체육학회지**, 24, 397 – 410.

변외진(2006). **중년여성의 자아정체감 증진을 위한 내적가족체계치료 프로그램 개발 및 효과.** 미간행 박사학위논문. 경북대학교 대학원.

설기문(1990). 행복증진을 위한 집단상담 프로그램. **동아대학교 학생생활 연구소: 학생연구**, 18, 45 – 65.

성미혜(2002). 중년여성의 갱년기 증상, 자아개념 침 우울의 관계. **성인간 호학회지**, 14(1), 102 – 113.

세계일보(2007. 1. 31.). "행복하게 사는 기술을 가르칩니다". 사회면.

신상수(2008). **노인의 행복증진을 위한 집단상담 프로그램.** 미간행 석사 학위논문. 한남대학교 대학원.

신차선(2004). **통합예술치료와 무용/동작치료가 일반인의 자기개념에 미치는 효과.** 미간행 석사학위논문. 원광대학교 보건환경대학원.

심민정(2000), **무용요법이 정신지체인의 사회성·안정성·적응성에 미치는 효과.** 미간행 석사학위논문. 이화여자대학교 대학원

심혜숙, 박정미(2003). 창조적 음악치료가 학습장애 아동의 자기효능감과 학교생활적응에 미치는 효과. **한국심리학회지: 상담 및 심리치료,** 15(3), 505 – 527.

양진희(2008). **감사명상이 중학생의 자아 존중감에 미치는 효과.** 미간행 석사학위논문. 창원대학교 교육대학원.

엄애숙(2005). **표현예술치료가 위축아동의 자기표현력과 사회성 발달에 미치는 영향.** 미간행 교육학석사학위논문. 경인교육대학교 교육대학원.

염동연(2002). **무용 치료 프로그램 활용을 통한 비행청소년의 자아개념 향상에**

행복감 증진을 위한 예술치료 해피·아트·테라피

미치는 **영향**. 미간행 석사학위논문. 동국대학교 교육대학원.

오가영(2008). **통합예술치료가 장애아동과 일반아동의 또래관계, 적응 행동 및 사회적 기술에 미치는 영향**. 원광대학교 동서보완의학대학원.

오금숙(2003). **중년기 여성의 자아분화와 결혼만족도 향상을 위한 집단 미술치료 사례**. 미간행 석사학위논문. 영남대학교 환경대학원.

오은영(2005). **일반성인의 자기성장을 위한 집단 무용/동작 프로그램 참여 체험연구**. 미간행 석사학위논문. 서울여자대학교 특수치료점문대학원.

유상란(1988). **개인의 행복을 증진시키는 프로그램 '행복의 조건 - 14'의 효과 검증**. 미간행 석사학위논문. 부산대학교 대학원.

유일영, 이정렬, 임지영, 김순애, 김영옥, 장성옥, 장효순, 조갑출, 한금선, 한명수, 현명선(1997). 청소년 건강 관련 학령기 비만아동의 신체상 관련 요인분석. **간호학탐구**, 6(2), 92 - 121.

윤여정(2000). **중년여성의 심리사회적 위기에 영향을 미치는 요인 연구**. 미간행 석사학위논문. 목원대학교 대학원.

윤인숙 역(2008). McMahon, D. M.(2006). *Happiness: A History*. **행복의 역사**. 서울: 살림

윤혜선(2004). **노인이 자아통합감 증진을 위한 무용/동작치료의 효과**. 미간행 석사학위논문. 서울여자대학교 특수치료전문대학원.

이광욱, 김준희(2008). 중년여성의 생활체육참가와 Wellness의 관계. **한국여가레크리에이션학회지**, 32(1). 143 - 152.

이경아 역(2006). Hoggard, L. 저(2005). *How to be Happy*. **영국 BBC다큐멘터리 행복**. 서울: 예담.

이경화(2005). **통합예술치료가 정신지체아동의 언어발달에 미치는 영향**. 미간행 석사학위논문. 원광대학교 동서보완의학대학원.

이상윤(1998). 미술요법프로그램을 이용한 간호중재가 정신질환자의 자아존중감, 우울감 및 대인관계에 미치는 효과. **한국미술치료학회**, 17(4), 67 - 75.

이순일(1997). **게슈탈트 집단상담이 자존감과 대인관계 변화 및 불안감에 미치는 효과**. 미간행 석사학위논문. 서강대학교 대학원.

이시형(1995). **대인공포증의 치료**. 서울: 집현전.

이영이(2001). 통합예술심리치료. **대학생활연구**, 15, 63 - 77.

이원희(1992). 한국 중년여성이 경험하는 갈등과 대응양상. **성인간호학회지**, 4(2).

이우경(2008). **중년기 여성의 스트레스, 마음챙김, 자기 – 자애, 정서적 안녕감 간의 관계 구조 분석과 마음챙김 증진 프로그램의 효과 연구.** 미간행 박사학위논문. 이화여자대학교 대학원.

이은희, 최정화(2004). 농촌중년여성의 시부모 부양 스트레스와 정신건강에 관한 연구. **노인복지연구지**, 23(1), 231 – 251.

이정운(2006). **통합예술치료가 장애아동을 둔 비장애형제의 자기표현에 미치는 효과.** 미간행 석사학위논문. 원광대학교 동서보완의학대학원.

이후경(2000). 집단과 예술. **임상예술학회지**, 11, 40 – 51.

임세라(2006). **정신지체 성 피해여성에 대한 통합예술치료 사례연구.** 미간행 석사학위논문. 원광대학교 동서보완의학대학원.

임용자(2004). **표현예술치료의 이론과 실제.** 서울: 문음사.

임윤선(2006). **예술인의 우울증과 자살에 관한 예술치료의 필요성에 대한 연구.** 미간행 박사학위논문. 한양대학교 대학원.

장성옥(1996). 돌봄에서의 신체적 접촉의 의미. **간호학탐구**, 5(1), 92 – 123.

장재정(1988). **중년여성의 성역할 정체감과 심리적 건강에 관한 연구.** 미간행 박사학위논문. 고려대학교 대학원.

정길수(1999). **집단미술요법이 만성정신분열병 입원환자의 자존감과 정신건강 상태에 미치는 영향.** 미간행 석사학위논문. 충남대학교 대학원.

정미혜(2002). 중년여성의 갱년기 증상, 자아개념 및 우울의 관계. **성인간호학회지**, 14(1), 102 – 113.

정옥분(2004). **발달심리학 – 전생애 발달 –.** 서울: 학지사.

정정순, 정여주 역(2004). Mees – Christeller, E.(1988). *Kunsttherapie in der Praxis.* 루돌프 슈타이너의 인지학 예술치료. 서울: 학지사.

정현희(1997). 청소년문제 예방을 위한 학교정신건강 프로그램 개발, 학교정신보건사업의 현황과 미래. **한국임상심리학회**, 42.

조정미(2006). **집단미술치료가 정신분열증 환자의 사회생활기술과 대인관계에 미치는 효과.** 미간행 석사학위논문. 대구대학교 재활과학대학원.

주리애(1999). 만성적인 정신분열증 환자에 대한 연구. **미술치료연구**, 6(2), 2 – 11.

진중권(2003). **미학 오디세이 1.** 서울: 휴머니스트.

행복감 증진을 위한 예술치료 해피 · 아트 · 테라피

최선남, 전종국(1997). 집단미술치료의 치료적 요인에 관한 연구. **미술치료연구**, 6(2), 1 – 12.

최외선, 김갑숙, 최선남, 이미옥(2006). **미술치료 기법**. 서울: 학지사.

하준성(2002). 음악치료 소개와 음악이란 매개체가 갖는 특별한 우수성. **중앙 음악 연구**, 11, 21 – 33.

한경비즈니스(2007. 1. 25.). 582월호 한경매거진, 50.

한국일보(2008. 8. 24). 인터넷 한국일보, 서울경제란

한기순, 김영미(2008). 영재들은 행복한가?: 영재, 잠재적 영재, 일반학생의 행복관련 정서적 특성 비교. **영재교육연구**, 18(3), 519 – 542.

현경선(2001). 중년여성의 건강증진을 위한 단전호흡 운동프로그램의 적용 효과. **성인간호학회지**, 13(3), 373 – 384.

현지애(2007). **초등학생의 인성교육을 위한 통합예술치료 프로그램 연구**. 미간행 석사학위논문. 한양대학교 교육대학원.

황경애, 김갑숙(2007). 인지 – 행동 집단미술치료가 중년기위기 여성들의 우울 및 정서적 위기에 미치는 효과. **미술치료연구**, 14(2), 295 – 318.

취업포털 잡 코리아, 직장인 포털 비즈몬(2007. 3. 20.)(www.jobkorea.co.kr) (www.bizmon.com) 전국남녀직장인 931명을 대상으로 조사한 결과.

Amendt – Lyon, N.(2001). Art and creativity in gestalt therapy. *Gestalt Review,* 5(4), 225 – 248.

Andrews. G.(2001). Should Depressive be managed as a chronic disease? *Journal of British Medical,* 322(1), 419 – 422.

Algoe, S., & Haidt, J.(2009). Witnessing excellence in action: The other praising emotions of elevation, gratitude, and admiration. *The Journal of Positive Psychology,* 4(2), 105 – 127.

Babyak, M. A., Blumental, J. A., Herman, S., Khatri, P., Doraiswamy, M. Moore, K., Craighead, W. E., Baldwicz, T. T., & Krishnan, K. R.(2000). Exercise treatment for major depression: Maintenance of therapeutic benefit at 10 months, *Psychosomatic Medicine,* 62, 633 – 638.

Bartenieff, I., & Lewis, D.(1980). *Body Movement: Coping with the Environment.* New York: Gordon & Breach Science Pub.

Bartlett, M. Y., & Desteno, D.(2006). Gratitude: Helping when it really costs you. *Psychological Science,* 17(4), 319 – 325.

Berger, B. G., & Owen, D. R.(1998). Stress reduction and mood enhancement on four exercise models: Swimming, body conditioning, hatha yoga, and fencing. *Research Quarterly for Exercise and Sport,* 59, 148 – 159.

Berger. M. R.(2002). *Dance therapy Workshop* 자료집. 서울: 서울여자대학교 특수치료전문대학원.

Biddle, S. J. H.(2000). Emotion, mood, and physical activity. In Biddle, S. J. H., Fox, K. R. and Boutcher, S. H.(eds.). *Physical Activity and Psychological Well – being*(pp.63 – 87). London: Routledge.

Blanchflower D. G., & Oswald A. J.(2008). Is Well – Being U – Shaped over the Life Cycle? *Social science & Medicine,* 66(8), 1733 – 1749.

Blumenthal, J. A., Babyak, M. A., Moore, K. A. Craighead, E., Herman, S., Khatri, P., Waugh, R., Napolitano, M. A., Forman, L. M., Appelbaum, M., Doraiswamy, P. M., & Krishman, K. R.(1999). Effects of exercise training on older patients with major depression. *Archives of Internal Medicine,* 159, 2349 – 56.

Brooke, S, L.(2006). *Creative arts therapies manual.* Charles C Illinois: Thomas Publisher.

Burton, C. M., & King, L. A.(2004). The Health Benefits of Writing About Intensely Positive Experiences. *Journal of Research in Personality,* 38, 150 – 163.

Chaiklin, H.(1975).(ed.). *Marian Chace: Her Papers.* Columbia: American Dance Therapy Association.

Clausen, J. A.(1976). Climpses into the Social World of Middle Age. *International Journal of Aging and Human Development,* 7(2), 99 – 106.

Csikszentmihalyi, M.(1990). *Flow: The Psychology of Optimal Experience.* New York: Harper & Row.

Danner, D. D., Snowdon, D. A., & Friesen, W. V.(2001). Positive emotions in early life and longevity: Finding from the nun study. *Journal of personality*

행복감 증진을 위한 예술치료 해피 · 아트 · 테라피

and Social Psychology, 80, 804 – 813.

Daniel, N.(2005). *Happiness: The Science Behind Your Smile.* Oxford University Press.

Dickerhoof, R., Lyubomirsky, S., & Sheldon, K. M.(2007). How and why do positive activities work to boost well – being? An experimental longitudinal investigation of regularly practicing optimism and gratitude. Manuscript under review.

Diener, E.(1994). Assessing subjective well – being: Progress and opportunity. *Social Indicators Research,* 31, 103 – 157.

Diener, E.(2000). Subjective well – being: The science of happiness and a proposal for national index. *America Psychologist,* 55, 34 – 43.

Diener, E., Nickerson, C., Lucas, R. E. and Sandvik, E.(2002). Dispositional affect and job outcomes. *Social Indicators Research,* 59, 229 – 259.

Duvall, E. M.(1985). *Marriage and the family development*(6th ed.). New York: Haper ad Row.

Emmons, R, A., & Shelton, C, M.(2002). Gratitude and the science of positive psychology. In Snyder, C. R., and Lopez, S. J.(eds.). *Handbook of Positive Psychology*(pp.45971). Oxford: Oxford University Press.

Emmons R, A.(2007). *Thanks! How the New science of Gratitude Can Make You Happier.* New York: Houghton Mifflin Harcourt.

Fava, G. A.(1999). Well – being therapy; Conceptual and technical Issues. *Psychotherapy and Psychosomatics,* 68, 171 – 179.

Fava, G. A., & Ruini, C.(2003). Development and characteristics of a well – being enhancing psychotherapeutic strategy: well – being. *Journal of Behavior Therapy and Experimental psychiatry,* 34, 45 – 63.

Fleshman, B., & Fryrear, J.(1981). *The art in therapy.* Chicago: Nelson – Hall.

Fodyce, W. E.(1988). Power strategies in intimate relationships. *Psychologist,* 43, 276 – 283.

Fordyce, M. W.(1972). Happiness: Its daily variation and its relation to values. (Doctoral dissertation, United States International University). Disser-

tation Abstracts International, 33, 1266B, (University Microfilms, No.72
－23, 491).

Fordyce, M. W.(1977). Development of a Program to Increase Personal
Happiness. *Journal of Counseling Psychology,* 24, 511－521.

Fordyce, M. W.(1983). A program to increase happiness: Further studies. *Journal
of Counseling Psychology,* 30(4), 483－498.

Fordyce, M. W.(1985a). *The psychap inventory: A multi scale test to measure
happiness and its concomitants,* revised. Fort Myers, FL.: Cypress Lake Media.

Fordyce, M. W.(1985b). *A Program to increase personal happiness*: More studies.
Edison Community College.

Fordyce, M. W.(1997). Educating for Happiness. *Journal of Revue Quebecoise de
Psychologie,* 18(2).

Fredrickson, B. L., Cohn, M. A., Coffey, K., & Finkel, S.(2007). Positive
emotions induced through meditation practice build consequential
personal resources, Manuscript under review.

Friis, S., Skatteboe, U. B, Hope. M. K., & Vaglum, P.(1989). Body awareness
group therapy for patients with personality disorders. 2. Evaluation of
the body awareness rating scale. *Psychotherapy and Psychosomatics,* 51, 18－24.

Gendlin, E. T.(1969). Focucing. *Psychotherapy: Theory, Research and Practice,* 6(1),
4－15.

Gladding, S.(1992). *Counseling as an art: The creative arts in counseling.* Alexandria,
VA: American Counseling Association.

Glasser, W.(1998). *The choice theory: A new psychology of personal freedom.* New
York: Harper & Row.

Gordon, V., & Ledray, L(1986). Growth－support intervention for the treatment
of depression in women of middle years. *Western Journal of Nursing
Research,* 8, 263－283.

Gove, W. R.(1980). Mental illness and psychiatric treatment among women.
Psychology of Women Quarterly, 4, 345－362.

Halprin, D.(2003). *The Expressive Body in life, Art and Therapy.* London &

Philadelphia: Jessica Kingsley Publishers.

Harker, L., & Keltner, D.(2001). Expressions of positive emotions in women's college yearbook pictures and their relationship to personality and life outcomes across adulthood. *Journal of Personality and Social Psychology,* 80, 112 – 24.

Hirai, T.(1996). A psychophysioligical study of body contact and therhythm. *Research Report of Department of Literature of Nara Women's University,* 40, 1 – 14.

Hogan, S.(2000). British art therapy pioneer edward adamson: A noninterventionist approach. *History of Psychiatry,* 11(4), 259 – 271.

ISSP(1992). Physical activity and psychological benefits: A position statement. *The Sport Psychologist,* 6, 199 – 203.

Jain, S., Shapiro, S. L., Swanick, S., Roesch, s. C., Mills, P. J., Bell, I., & Schwartz, G. E. R.(2007). A randomized controlled trial of mindfulness meditation versus relaxation training: Effects on distress, positive states of mind, rumination, and distraction. *Annals of Behavioral Medicine,* 33(1), 11 – 21.

Jones, P.(2005). *The Arts Therapies a revolution in healthcare.* NY: Brunner – Routledge Press Inc.

Kane, J. M.(1987). Treatment of schizophrenia. *Schizophrenia Bulluin,* 13, 147 – 170.

Keyes, C. L. M. & Riff, C. D.(1999). Psychological well – being in midlife. In S. L. Willis & J. D. Reid(Eds.), Life in the middle: Life in the middle. *Psychological and social development in middle age*(161 – 178). San Diego, CA: Academic Press.

Keyes, C. L. M.(2005). Mental illness and/or mental health? Investigating axioms of the complete state model of health. *Journal of Consulting and Clinical Psychology,* 73, 539 – 548.

Klein, S.(2002). Die Glüecksformel. *The Science of Happiness.* Eggers & Landwehr KG.

King, L. A.(2001). The health benefits of writing, about life goals. *Personality and Social Psychology Bulletin, 27*(7), 798－807.

Knill, P. J., Levin, E. G., & Levin, S. K.(2005). *Principles and Practice of Expressive Art Therapy.* London: Jessica Kingsley.

Lachman, M. E.(2001). *Handbook of midlife development.* Willey & Sons, Inc.

Lyubomirsky, S.(2007). *The How of Happiness: A Scientific Approach to Getting the life You Want.* Grove/Atlantic, Inc.

Malchiodi, C. A.(2005). *Expressive Therapies.* New York: Guilfor Press.

May, R.(1981). *Freedom and Destiny.* New York: Norton.

Martisen, E. W.(1990). Benefits of exercise for the treatment of depression. *Sport Medicine, 9,* 380－389.

McCann, K., & McKenna, H. P.(1993). An examination of touch between nurses and elderly patients in continuing care setting in Northern Ireland. *Journal of Advanced Nursing, 18,* 838－846.

McCullough, M. E., Tsang, J., & Emmons R, A.(2004). Gratitude in intermediate affective terrain: Links of grateful moods to individual differences and daily emotional experience. *Journal of Personality and Social Psychology, 86,* 295－309.

McNiff, S.(1992). *Art and medicine.* Boston: Shambhala.

Moore, C. A.(1967).(Ed). *The Chinese Mind: Essentials of Chinese Philosophy and Culture.* Honolulu: University of Hawaii Press.

Moriarty, J.(1976). Combining activities and group psychotherapy in the treatment of chronic schizophrenia. *Hospital & Community Psychiatry, 27*(8), 574－576.

Netz, Y., Wu. M., Becker, B. J., & Tenenbaum, G.(2005). Physical Activity and Psychological Well－Being in Advanced Age: A Meta Analysis of Intervention Studies. *Psychological and Aging, 20*(2), 272－284.

Neugarten, B. L., Moore, J. W., & Lowe, J. C.(1965). Age norms, age constraints, and adult socialization. *American Journal of Sociology, 70,* 229－236.

Oaklander, V.(1997). The therapeutic process with children and adolescents. *Gestalt Review,* 1(4), 292－317.

Pennebaker, J. W.(1997). *Opening Up.* The Guilford Press.

Polster, E.(1970). Sensory Functioning in psychotherapy. In: J. Fagan & I. L. Shepherd(Eds)., *Gestalt therapy now.* New York: Harper Colophon Books.

Rhilly, D. A.(1993). A phenomenolological analysis of authentic experience. *Journal of Humanistic Psychology,* 22(2), 49－71.

Riff, C. D.(1989). Happiness is everything, or is it? Explorations on the meaning of psychological well－being. *Journal of Personality and Social Psychology,* 57(6), 1069－1081.

Riff, C. D., & Keyes, C. L. M.(1995). The structure of psychological well－being revisited. *Journal of Personality and Social Psychology,* 73, 549－559.

Rosenberger, N. R.(1992). *Japanese Sense of Self.* New York: Cambridge University Press.

Rogers, N.(1993). *The Creative Connection: Expressive Arts as Healing.* Science & Behavior Books, Inc.

Sakiyama,Y., & Koch, N.(2003). Touch in Dance Therapy in Japan. *American Journal of Dance Therapy,* 25(2), 79－95.

Scheier, M. F., & Carver, C. S.(1993). On the power of positive thinking: The benefits of being optimistic. *Current Directions in Psychological Science,* 2, 26－30.

Schmais, C.(1985). Healing processes in group dance therapy. *American Journal of Dance Therapy,* 8, 17－36.

Seligman, M. E.(1990). *Leaned Optimism: How to Change Your Mind and Your Life.* New York: Alfred A. Knopf, Inc.

Seligman M. E., Steen, T. A., Park, N., & Peterson, C.(2005). Positive Psychology progress: Empirical validation of interventions. *American Psychologist,* 60, 410－421.

Sheldon, K. M., & Lyubomirsky, S.(2006). How to increase and sustain positive emotion: The effects of expressing gratitude and visualizing best possible selves. *The Journal of Positive Psychology,* 1(2), 73 – 82.

Smith, W. P., Compton, W. C., & West. W. B.(1995). Meditation as an adjunct to a happiness enhancement program. *Journal of Clinical Psychology,* 51, 269 – 273.

Tal, L. A.(2003). Art therapy – The search for the inner self relation to health and well – being. *한국예술치료학회,* 2, 20 – 44.

Tiger, L.(1979). *Optimism: The Biology of Hope.* New York: Simon & Schucher.

Wadeson, H.(1980). *Art Psychotherapy.* New York: John Wiley and Sones.

White, A.(2007). A Global Projection of Subjective Well – being: A Challenge To Positive Psychology? *Psychtalk,* 56, 17 – 20.

Wubbolding, R, E.(1990). *A set of directions for putting(and keeping) yourself together.* New York: Harper Collins Publishers.

Yalom, I.(1983). *Inpatient Group Psychotherapy.* New York: Basic Books.

Zust, B. L.(2000). Effect of cognitive therapy on depression in rural, battered women. *Archives of Psychiatric Nursing,* 14(2), 51 – 63.

행복감 증진을 위한 예술치료 해피 · 아트 · 테라피

■ 부록 1 프로그램 효과 측정을 위한 설문지

(부록 1 - 1. 행복 자각 정도 검사지)

여러분의 행복감을 알아보기 위한 질문입니다. 평소 본인의 생각이나 느낌과 가장 일치하는 것 하나를 골라 ✔표 해 주시기 바랍니다.

1) 평소에 여러분은 어느 정도 행복하다고 혹은 불행하다고 생각하고 계십니까? 보통 여러분이 느끼고 있는 행복의 정도를 가장 잘 기술한 것을 하나만 골라 '✔'표 하시오.

10. 극히 행복하다.　(황홀할 정도로 기쁘다.)	
9. 아주 행복하다.　(너무 좋아 의기충천하다.)	
8. 상당히 행복하다. (사기가 높고, 아주 기분이 좋다.)	
7. 꽤 행복하다.　(기분이 상당히 좋고 유쾌하다.)	
6. 조금 행복하다.　(좋지도 나쁘지도 않은 상태보다는 조금 낫다.)	
5. 중립적이다.　(특별히 행복하지도 불행하지도 않다.)	
4. 조금 불행하다.　(좋지도 나쁘지도 않고 조금 기분이 좋지 않다.)	
3. 꽤 불행하다.　(조금 기분이 나쁘다.)	
2. 상당히 불행하다. (어느 정도 기분이 좋지 않으며 사기도 떨어진다.)	
1. 아주 불행하다.　(극히 우울하고 사기가 많이 저하된다.)	
0. 극히 불행하다.　(극히 우울하며, 완전히 사기가 저하되어 있다.)	

2) 조금 더 여러분의 감정을 정리해 봅시다. 하루 평균 몇%의 시간 동안은 행복하다고 느끼고 몇%의 시간 동안 불행하다고 느끼는지요? 또 몇%의 시간 동안은 행복이나 불행에 대하여 생각하지 않고 지내는지요?

가장 정확하다고 생각되는 시간의 백분율을 _______에 적어 넣으세요.

3개의 수치를 합해서 100%가 되게 하십시오.

---

* 나는 하루 중 _______%의 시간 동안은 행복하다고 느낀다.
* 나는 하루 중 _______%의 시간 동안은 불행하다고 느낀다.
* 나는 하루 중 _______%의 시간 동안은 행복하다, 불행하다는 느낌 없이 지낸다.

(부록 1 - 2. 인구사회학적 특성 조사 설문지)

※ 다음은 귀하의 일반적인 사항에 관련된 질문입니다.

질문을 읽어 보시고 **해당하는 번호에 ✔표** 해 주십시오.

---

1. 귀하의 연령은? (세)

---

2. 귀하의 직업?
  ① 전업주부   ② 상업, 판매종사, 서비스직 ③ 사무직, 공무원
  ④ 전문직, 관리직 ⑤ 농업, 축산업, 임업, 수산업 및 수렵업
  ⑥ 기타(   )

---

3. 귀하의 최종학력?
  ① 중학교 졸업 이하 ② 고등학교 졸업 ③ 대학교 졸업 ④ 대학원 이상

---

4. 귀하의 결혼상태?
  ① 미혼   ② 결혼하여 동거 중 ③ 사별 ④ 이혼 ⑤ 별거 중 ⑥ 재혼

---

5. 귀댁의 월평균 총 수입?
  ① 100만 원 미만 ② 100만 원~200만 원 미만 ③ 200만 원~300만 원 미만 ④ 300만 원~
  400만 원 미만 ⑤ 400만 원 이상

---

6. 귀하는 자신의 건강상태가 어떻다고 생각하십니까?
  ① 매우 건강하다 ② 건강한 편이다 ③ 보통이다
  ④ 건강이 나쁜 편이다 ⑤ 건강이 매우 좋지 않다

---

7. 귀하의 경제 생활수준은 어느 정도라고 생각하십니까?
  ① 아주 넉넉하다 ② 넉넉한 편이다 ③ 보통이다
  ④ 어려운 편이다 ⑤ 아주 어려운 편이다

(부록 1 - 3. 행복감 검사지)

※ 다음 질문은 귀하가 평상시 느끼는 심리적 행복감에 대해 묻는 질문입니다. 귀하의 생각과 일치하는 번호에 ✔표 하여 주십시오.

번호	문 항 내 용	전혀 그렇지 않다	조금 그렇지 않다	보통 이다	조금 그렇다	매우 그렇다
1	나에게 주어진 상황은 내게 책임이 있다고 생각한다.	①	②	③	④	⑤
2	현재의 내 활동반경(생활영역)을 넓힐 생각이 없다.	①	②	③	④	⑤
3	살아온 내 인생을 돌이켜 볼 때 현재의 결과에 만족한다.	①	②	③	④	⑤
4	남들과 친밀한 인간관계를 유지하는 것이 어렵고 힘들다.	①	②	③	④	⑤
5	대다수의 사람들과 나의 의견이 다를 경우에도, 내 의견을 분명히 말하는 편이다.	①	②	③	④	⑤
6	매일매일 해야 하는 일들이 힘겹다.	①	②	③	④	⑤
7	그저 하루하루를 살아가고 있을 뿐 장래에 대해서는 별로 생각하지 않는다.	①	②	③	④	⑤
8	나 자신에 대해 자부심과 자신감을 갖고 있다.	①	②	③	④	⑤
9	나의 고민을 털어놓을 만한 가까운 친구가 별로 없어 가끔 외로움을 느낀다.	①	②	③	④	⑤
10	나는 무슨 일을 결정하는 데 다른 사람들의 영향을 받지 않는 편이다.	①	②	③	④	⑤
11	과거에 내 삶의 목표를 세우고 노력했던 일들이 돌이켜 보면 부질없는 시간 낭비였던 것 같다.	①	②	③	④	⑤
12	내가 아는 많은 사람들은 인생에서 나보다 더 많은 것을 성취하는 것 같다.	①	②	③	④	⑤
13	가족이나 친구들과 친밀한 대화를 나누는 것을 즐긴다.	①	②	③	④	⑤
14	매일의 생활에서 내가 해야 할 책임들을 잘 해내고 있다.	①	②	③	④	⑤
15	내가 해야 할 일들이 힘겹게 느껴질 때가 있다.	①	②	③	④	⑤
16	나 자신과 인생살이에 자극을 줄 만한 새로운 경험을 하는 것이 중요하다고 생각한다.	①	②	③	④	⑤
17	가끔 매일 하는 일들이 사소하고 중요하지 않은 것처럼 느껴진다.	①	②	③	④	⑤
18	내 성격의 거의 모든 면을 좋아한다.	①	②	③	④	⑤
19	정말 필요할 때 내 말에 귀를 기울여 줄 사람은 많지 않다.	①	②	③	④	⑤
20	나는 자기주장이 강한 사람으로부터 영향을 받는 편이다.	①	②	③	④	⑤

번호	문 항 내 용	전혀 그렇지 않다	조금 그렇지 않다	보통 이다	조금 그렇다	매우 그렇다
21	지난 세월을 되돌아보면, 나 자신이 크게 발전하지 못했다고 생각된다.	①	②	③	④	⑤
22	내 인생에서 무엇을 성취하려고 하는지 잘 모르겠다.	①	②	③	④	⑤
23	과거에 실수를 하기도 했지만, 전체적으로는 모든 일이 매우 잘되었다고 생각한다.	①	②	③	④	⑤
24	나는 일반적으로 나의 개인문제나 돈문제를 잘 관리하고 있다.	①	②	③	④	⑤
25	많은 면에서 내가 성취한 것에 대해 실망을 느낀다.	①	②	③	④	⑤
26	대부분의 사람들이 나보다 친구를 더 많이 갖고 있는 것 같다.	①	②	③	④	⑤
27	미래의 계획을 짜고 그 계획을 실현시키려고 노력하는 것을 즐긴다.	①	②	③	④	⑤
28	내 의견이 비록 다른 여러 사람들의 의견과 반대되는 경우에도, 나는 내 의견이 옳다고 확신한다.	①	②	③	④	⑤
29	나는 시간을 잘 활용하여 해야 할 모든 일을 제때에 잘 처리해 나갈 수 있다.	①	②	③	④	⑤
30	그동안 한 개인으로서 크게 발전해 왔다고 생각한다.	①	②	③	④	⑤
31	내가 세운 계획을 어떻게 해서라도 실천하려고 노력한다.	①	②	③	④	⑤
32	논쟁의 여지가 있는 문제들에 대해서 내 자신의 의견을 내세우지 못한다.	①	②	③	④	⑤
33	현재의 생활방식을 바꿔야 할 새로운 상황에 처하는 것을 싫어한다.	①	②	③	④	⑤
34	나는 인생목표를 가지고 살아간다.	①	②	③	④	⑤
35	친구와 가족이 반대하는 경우에는 나의 결정을 쉽게 바꾸는 편이다.	①	②	③	④	⑤
36	나에게 있어서 삶은 끊임없이 배우고, 변화하고, 성장하는 과정이었다.	①	②	③	④	⑤
37	내 친구들은 믿을 수 있고, 그들도 나를 믿을 수 있다고 생각한다.	①	②	③	④	⑤
38	과거를 돌이켜 보면 좋았던 때도 있었고 힘들었던 때도 있었지만 대체로 만족한다.	①	②	③	④	⑤
39	생활을 만족스럽게 꾸려 나가는 것이 쉽지 않다.	①	②	③	④	⑤
40	내 인생을 크게 개선하거나 바꾸겠다는 생각은 오래전에 버렸다.	①	②	③	④	⑤
41	내 자신을 친구나 친지들과 비교할 때면 내 자신에 대해 흐뭇하게 느껴진다.	①	②	③	④	⑤
42	내 스스로 정한 기준에 의해 내 자신을 평가하고, 남들의 기준에 의해 평가하지 않는다.	①	②	③	④	⑤
43	내 가정과 생활방식을 내 마음에 들도록 꾸려 올 수 있었다.	①	②	③	④	⑤
44	이제껏 살아온 삶의 방식을 뒤늦게 바꿀 수는 없다고 생각한다.	①	②	③	④	⑤
45	다른 사람들과 다정하고 신뢰 깊은 관계를 별로 경험하지 못했다.	①	②	③	④	⑤

*소중한 시간에 성심껏 응답해 주신 귀하의 협조에 깊이 감사드립니다.

■ 부록 2 H.A.T.(Happy Art Therapy)
프로그램 평가서

Ⅰ. 전체 과정에 대한 평가

1: 매우 그렇다   2: 조금 그렇다   3: 보통이다   4: 조금 그렇지 않다
5: 전혀 그렇지 않다

평 가 항 목			1	2	3	4	5
전체	1	전반적으로 프로그램에 만족한다.					
	2	프로그램은 나의 삶의 행복감을 일깨우는 데 도움이 되었다.					
참여자	3	참여 인원은 적절하였다.					
	4	참여자들과 나는 서로 존중하며 신뢰하고 있다고 느꼈다.					
환경	5	기관의 환경은 쾌적하다.					
	6	프로그램에 사용된 도구가 적절하였다.					
	7	장소 및 시설을 이용하기 편리하였다.					
	8	개인적인 요인(경조사, 건강상의 문제, 가족들의 문제 등)으로 인해 프로그램에 집중하기 어려운 적이 있었다.					
강사	9	강사의 프로그램 진행이 매끄러웠다.					
	10	강사는 프로그램을 충실히 준비했다.					
	11	강사는 참여자들을 충분히 배려하였다.					
일정	12	16회기의 일정이 행복감을 증진시키는 데 적당하다.					
	13	한 회기의 시간(1시간 30분)은 적당하다.					
만족감	14	다음에 H.A.T. 프로그램이 진행된다면 참여하고 싶다.					
	15	H.A.T. 프로그램을 다른 중년여성들에게도 권하고 싶다.					

1) 위의 12번 항목에서 불만족하다면 몇 회기가 적당하고 생각하십니까?　　　___회
2) 위의 13번 항목에서 불만족하다면 1회 몇 시간이 적당하고 생각하십니까?

■ 부록 3 H.A.T.(Happy Art Therapy) 프로그램 주관식 평가서

1. H.A.T. 프로그램에 참여하기 전에 기대하셨던 바는 무엇입니까? 기대하신 것들에 대해 얼마나 도움을 받으셨다고 생각하십니까?

2. 본 H.A.T. 프로그램이 중년여성 대상에게 적합하다고 생각하십니까?

① 예

　　이유:

② 아니오

　　이유:

3. H.A.T. 프로그램을 마친 후에도 <u>앞으로의 나의 삶에서 실천하고 노력하고 싶은 것</u>이 있다면?

4. 중년여성의 행복감 증진을 위한 H.A.T. 프로그램에 대한 **전반적인 참여 소감(만족스러운 점 또는 개선해야 할 점)**을 적어 주세요.

■ 부록 4 Psychological Well−Being의 6가지 요인 (Ryff, 1989, 1072)

차원	점수	정의
자아수용 (self− acceptance)	높은 점수	자신에 대하여 긍정적인 태도를 갖고 있다. 자신에게 좋은 점들은 물론 나쁜 점들을 포함한 자신의 여러 측면들을 인지하고 수용한다. 자신의 과거 삶에 대하여 긍정적으로 느낀다.
	낮은 점수	자신에 대하여 불만족한다. 자신의 과거 삶에 대하여 실망한다. 자신이 갖고 있는 나쁜 점에 대하여 괴로워한다. 현재의 자신과는 다른 사람이 되기를 원한다.
긍정적 대인관계 (positive relations with others)	높은 점수	타인과 따뜻하고 만족스럽고, 신뢰가 가는 관계를 갖고 있다. 타인의 행복(welfare)에 관심이 있다. 강한 애정, 친밀감, 그리고 공감을 느낄 수 있다. 대인관계란 주고받는 것임을 이해한다.
	낮은 점수	타인과 친밀하고 신뢰가 가는 관계를 거의 갖고 있지 않다. 타인에 대하여 따뜻하거나 개방적이지 않고 타인을 배려하기가 어렵다고 느낀다. 대인관계에서 고립되고 좌절감을 느낀다. 타인과의 중요한 관계를 유지시키기 위하여 타협하려 하지 않는다.
자율성 (autonomy)	높은 점수	결단력이 있고 독립적이다. 특정한 방식으로 생각하고 행동하라는 사회적 압력에 저항할 수 있다. 자신의 행동을 내적 동기에 의해 조절한다. 개인적 기준에 의해서 자신을 평가한다.
	낮은 점수	타인의 평가나 기대에 대하여 걱정한다. 중요한 결정을 할 때 타인의 판단에 의존한다. 특정한 방식으로 생각하고 행동하라는 사회적 압력에 동조한다.
환경지배력 (environmental mastery)	높은 점수	자신의 환경을 잘 관리하는 능력이 있다고 느낀다. 복잡한 외적인 활동 계획을 잘 조절한다. 주위에 있는 기회를 효과적으로 사용한다. 개인적 필요나 가치에 적합한 환경을 선택하거나 적합한 환경으로 변화시킬 수 있다.
	낮은 점수	일상적인 일들을 다루는 데 어려움을 느낀다. 주위환경을 변화시키거나 향상시킬 수 없다고 느낀다. 주위에 있는 기회를 인식하지 못한다. 외부 세계에 대한 통제력이 부족하다고 느낀다.
삶의 목적 (purpose in life)	높은 점수	삶의 목표와 방향 감각을 갖고 있다. 과거와 현재의 삶이 의미가 있다고 느낀다. 왜 사는지에 대한 해답을 제공하는 신념을 갖고 있다. 생활에 목표와 목적이 있다.
	낮은 점수	삶의 의미가 부족하다고 느낀다. 삶의 목표나 방향 감각이 거의 없다. 과거 삶의 목적을 알지 못한다. 삶에 의미를 부여할 신념이나 태도를 갖고 있지 않다.

차원	점수	정의
개인적 성장 (personal growth)	높은 점수	계속적으로 발달한다고 느낀다. 자신이 성장하고 발전되어 감을 느낀다. 새로운 경험에 대하여 개방적이다. 자신의 잠재력을 실현시키려고 한다. 시간이 지남에 따라 자신과 자신의 행동이 향상됨을 느낀다. 자기 자신을 보다 잘 이해하고 활용하는 방향으로 변화되어 간다.
	낮은 점수	개인적인 침체에 빠져 있다고 느낀다. 시간에 따른 성장이나 발전되어 감을 느끼지 못한다. 삶이 지루하고 재미없다고 느낀다. 새로운 태도나 행동을 발전시킬 수 없다고 느낀다.

▌약 력

이화여자대학교 무용학과를 졸업하고 생명력을 키우는 예술의 치유성과 관계된 주제에 깊은 관심을 가져왔다. 이에 생명 분야에 대한 관심으로 건국대학교 생명과학과 유전공학연구소 연구원으로 활동하면서 이학석사학위를 받았고, 이어서 서울여자대학교 특수치료전문대학원에서 예술치료학으로 석사학위를 받았다. 그리고 그동안 공부했던 모든 학문적 기반을 토대로 예술의 치유적인 적용 경험을 체계화시켜 해피아트테라피 프로그램을 창안하고 특허를 등록하여 동덕여자대학교에서 해피아트테라피 프로그램으로 박사학위를 받았다.

그동안 정부 공무기관이나 복지관, 병원, 기업 등에서 행복감 증진을 위해 개발한 해피아트테라피 프로그램을 8,000회 이상 지도하였다. 현재 충남대학교 간호학과 베하스 프로그램 자문위원, 서울가톨릭사회복지법인산하 탈리다쿰센터 자문위원, 다솜예술치유연구소 소장과 (사)다솜여성가족문화예술협회의 대표를 맡고 있다.

방송경력
- KBS 무엇이든 물어보세요 "쉬쉬하다가 큰병된다, 우울증" 예술심리치료 전문가로 출연
- EBS 살림의 여왕 "몸짓으로 나를 표현한다" 예술심리치료 전문가로 출연
- SBS 생방송 투데이 예술심리치료 전문가로 출연
- MBC 생방송 오늘아침 "위기의 가족, 화해의 기술" 예술심리치료 전문가로 다수 출연
- MBC 사랑프로젝트 "4주후愛" 예술심리치료 전문가로 출연
- PBC 평화방송 라디오 105.3MHz "날마다 행복충전"–'행복테라피' 코너 출연 및 슈퍼바이저로 활동

▌주요저서

『노인의 자아통합감 증진을 위한 무용·동작치료의 효과』
『급증하는 자살, 무엇이 문제인가?』(공저), 한국가톨릭언론인협의회 주최 포럼, '청소년부터 노인까지 생명사랑문화프로그램'
『군생활 적응 향상 프로그램이 전·의경의 스트레스, 우울, 자살생각, 자아존중감, 군생활 적응에 미치는 효과』(공저)
『청년기의 자아존중감, 우울과 자살생각과의 관계』
『중년여성을 위한 H.A.T. 프로그램 개발과 효과』

행복감 증진을 위한 예술치료
해피 · 아트 · 테라피

지은이 ┃ 윤혜선
펴낸이 ┃ 채종준
기 획 ┃ 이주은
편 집 ┃ 박재규
마케팅 ┃ 김봉환
표지디자인 ┃ 장선희
아트디렉터 ┃ 양은정

초판인쇄 ┃ 2010년 3월 31일
초판발행 ┃ 2010년 3월 31일

펴낸곳 ┃ 한국학술정보㈜
주 소 ┃ 경기도 파주시 교하읍 문발리 파주출판문화정보산업단지 513-5
전 화 ┃ 031) 908-3181(대표)
팩 스 ┃ 031) 908-3189
홈페이지 ┃ http://www.kstudy.com
E-mail ┃ 출판사업부 publish@kstudy.com
등 록 ┃ 제일산-115호(2000. 6. 19)

ISBN   978-89-268-0954-9 93180 (Paper Book)
        978-89-268-0955-6 98180 (e-Book)

이담 Books 는 한국학술정보(주)의 지식실용서 브랜드입니다.